Karam Khella

Die Welt und Palästina

Karam Khella
Die Welt und Palästina
Theorie und Praxis Verlag Hamburg
– 3. Auflage – 2018

ISBN 978-3-939710-08-0

Theorie und Praxis Verlag
Goldbachstr. 2
D 22765 Hamburg,
Tel: 040 – 38613849
Mail: info@tup-verlag.com

Inhalt

Einleitung

Palästina ist eine Wiege der Menschheit. Es ist eine der ältesten auf Dauer bewohnten Regionen der Erde. Es zählt zu den frühsten Hochkulturen. Palästina erfreut sich des fruchtbaren Bodens, des gemäßigten, mediterranen Klimas und der guten Nachbarschaft. Mit den arabischen Ländern bildet es eine historische, kulturelle und sprachliche Einheit.

Die Palästinenser sind ein biblisches Volk. Es zählt zu den in der Bibel am häufigsten berichteten Völkern. In seiner Übersetzung nennt Luther sie „Philister" (z.B. 2. Sam. 5,17). Diese Bezeichnung erweckt beim deutschsprachigen Leser den Eindruck als hätte es dort damals ein anderes Volk gegeben als die heutigen Palästinenser. Der Urtext verwendet jedoch denselben Ausdruck, mit dem sich die Palästinenser als Selbstbezeichnung damals wie heute benennen. Der Ausdruck „Filistini", der in der Bibel steht, gilt heute noch. Auch andere, nichtdeutschsprachige Übersetzungen benutzen sowohl für die Bibel als auch für den modernen Sprachgebrauch denselben Begriff. Die neueren deutschsprachigen Bibelausgaben beharren weiterhin darauf, das biblische Volk der Palästinenser anders zu benennen als die heutigen Palästinenser.

Erstes Kapitel

Zur Langzeitgeschichte Palästinas

Anthropogenese

Die Fossilienfunde aus Palästina reichen in das zweite Jahrmillion vor unserer Zeit, so daß man von einem Homo palästinensis sprechen kann. Der Beitrag der Palästinenser für die Anthropogenese ist aus der Geschichte der Menschheit nicht wegzudenken.

Urgesellschaft

Die bedeutsamsten Revolutionen der Kulturgeschichte fanden in Ägypten statt. An zweien davon ist Palästina maßgeblich beteiligt: der Agrarrevolution und der urbanen Revolution.

Mit der Agrarrevolution (um 10.000 v.u.Z.) kam die Seßhaftigkeit. Dadurch wird das Kulturschaffen akkumuliert. Dorfkommunen und lokale Gemeinschaften bildeten sich heraus. Zentral gelegene Ortschaften wuchsen allmählich zu Städten. Frühe Formen der gesellschaftlichen Organisierung sind in Erscheinung getreten. Verwaltung und leitende Gremien entstanden. Gaza und Ariha (Jericho) gehören zu den ältesten Städten der Welt und zu den seltensten, die seit Gründung bis heute immer bewohnt sind.

Seit Urzeit war Palästina im Fruchtbaren Halbmond (Libanon, Syrien, Irak, Jordanien und Palästina) integriert und mit Ägypten eng verbunden.
Vor zehntausend Jahren (= v.u.Z.) haben die Palästinenser die Keramik erfunden. Sie ist das erste Kunststoffprodukt der Menschheit. Man kann also von einer dritten Revolution aus Palästina sprechen. Rasch erreich-

ten die Erfinder einen hohen Perfektionsgrad. Ihr Produkt war sehr begehrt. Es wurde weit exportiert und hat sich früh in der damaligen Welt verbreitet. Die ägyptischen und afrikanischen Wüsten haben mehrere tausend Jahre alte Keramiken aufbewahrt. Von den frühsten Produkten bis zu den höchst entwickelten Formen besitzen wir heute noch eindrucksvolle Exponate. Besonders gefragt war die Keramik bei Nomaden und Wüstenstämmen. Bald wurden große Gefäße aus Keramik hergestellt. Diese waren besonders zum Speichern von Wasser für trockene Perioden oder zur Mitnahme auf Reisen notwendig. Dadurch war das Leben ohne Wasserquellen vor Ort möglich. Trockene Perioden konnten überbrückt werden. Man mußte nicht zu den Wasserquellen umsiedeln, um zu überleben. Der Keramik verdanken wir die Tatsache, daß Lebensformen unabhängig von Wasserquellen weiterbestehen und sich entwickeln konnten. Diese Gemeinschaften wären sonst Opfer des Mangels an Wasservorräten gewesen, z. B. Beduinen und Nomaden. (Man denke an heutige Zeit, wo Großstädte ohne eigene Wasserressourcen existieren können.)

Noch in vordynastischer Zeit exportierte Palästina wichtige Erzeugnisse, darunter Heilmittel. Ägypten bezog aus Palästina insbesondere Weine und Balsam. Letzteres ist ein zentrales Mittel der Unverwesbarmachung des Leichnams, daher „Balsamierung“ genannt. Die Fernstraßen für den Außenhandel wurden eingerichtet. Für die Sicherheit der Reisenden war gesorgt. Karawanen von und nach Palästina zogen periodisch ihres Weges. Regelmäßiger Verkehr fand planmäßig statt.

Staatliche Organisierung (3400-3000 v.Chr.)

Die guten Beziehungen Palästinas zu den Zentralstaaten der Region, Ägypten, Aram (Syrien) und Assyrien, Babylon und Somer, bewährten sich. Sie förderten den wirtschaftlichen Austausch und die kulturelle Integration der gesamten Region.

Pharaonische Zeit (3000-30 v.Chr.)

Palästina war schon immer ein fruchtbares Gebiet. Es war buchstäblich „das Land, wo Milch und Honig fließen“. Dieser Spruch wurde auf Palästina geprägt und ist bald zu seinem Synonym geworden.

Die Nähe Palästinas zu Ägypten hat zu verstärkten politischen, wirtschaftlichen und kulturellen Beziehungen geführt. Im Regelfall war Palästina an Ägypten angegliedert als selbständige Provinz mit autonomem Status. Dabei behielt Palästina seine Eigenständigkeit.
Im Jahr 3000 v.Chr. vereinten sich Ober- und Unterägypten zum Einheitsstaat. Palästina nahm an dieser Einheit mit Sonderstatus teil. Ägypten war der wichtigste Handelspartner Palästinas. Wenn Palästina bedroht war, eilte Ägypten zu seiner Verteidigung herbei. Das Dauerbündnis bei Anerkennung der Hoheit des Pharaos wuchs mit der Zeit. Im Neuen Reich war Palästina als autonome Region mit Ägypten voll verbunden.
Eine scharfe ägyptisch-palästinensische Grenze hat es in der gesamten Geschichte nie gegeben (diese wurde erst 1916 von England und Frankreich willkürlich gezogen).

Schon im Altertum war Palästina ob seines Fortschritts auf den Gebieten der Medizin und Pharmakologie berühmt. Es produzierte pharmazeutische Erzeugnisse, zu denen beispielsweise das sehr begehrte „Balsam“ und seine Derivate zählten.
Von alters her entwickelten die Palästinenser eine Hochkultur mit Städtebau, künstlicher Landwirtschaft, Architektur, einer eigenen Sprachvariante, dem Palästinensisch-Aramäischen, und vielem mehr.

In der Hauptstadt Palästinas, Quds, lag das zentrale Heiligtum für alle Weltreligionen; daher die authentischen Namen der Stadt „Quds (das Heiligtum)“ und „Bait al-Maqdis (Ort des Heiligtums)“. Das „Heiligtum“ war nicht einem bestimmten Gott geweiht oder von einer Religion monopolisiert. Pilger unterschiedlicher Glaubensformen kamen jährlich von weither, um gleichberechtigt nebeneinander ihre Götter zu verehren. Die Palästinenser garantierten allen Besuchern einen sicheren und friedlichen Aufenthalt. Deshalb wurde die Hauptstadt Palästinas auch „Stadt des Friedens“, „Madinat as-Salam“, „Ur-Schalem“, daraus Jerusalem, genannt. Al-Quds, Jerusalem, war schon immer die Hauptstadt Palästinas.

Durch Palästina zogen die Welthandelsstraßen. Die Wege aus Asien nach Afrika und Europa wie umgekehrt kreuzten sich in Palästina. Der kombinierte See-Land-Weg, der Asien mit Afrika und Europa verband, ging durch Palästina. Die von Jemen und der Halbinsel Arabien kommende Weihrauchstraße endete in Aqaba und Gaza. Die von China und Ostasien ziehende Seidenstraße, der längste interkontinentale Weg der alten Welt, hatte in Palästina eine zentrale Station. Bei Fernreisen hielten planmäßig Schiffe, Karawanen, Pferdewagen und Reitergruppen in Palästina an. Das Reiseprogramm sah je nach Bedarf einen Aufenthalt von Tagen oder Wochen in Palästina vor. Für viele war Palästina nicht nur ein Durchreiseland, sondern auch Reiseziel. Hier gab es Bildung, Ausbildung, gelehrsame Kreise (Maglis), aber auch Geschäfte und Handelsbeziehungen. Am liebsten haben die Menschen den Handel mit dem kulturellen Austausch verbunden.

Durch die jährlichen Pilgerfahrten akkumulierte in Palästina großer Reichtum. Das brachte dem Volk Wohlstand. Doch mit dem Reichtum kam auch die Gefährdung der Sicherheit von Volk und Land. Hier bewährte sich das Bündnis mit Ägypten. Palästina konnte wiederholte Angriffe abwehren. Wenn aber Ägypten selber geschwächt war, war auch Palästina bedroht.
Ob seines großen Reichtums und seiner strategisch bedeutsamen Lage war Palästina dann immer wieder das vorrangige Angriffsziel von Imperien, die in die Region expandieren wollten. Von Palästina aus hätte eine militärische Macht alle Nachbarstaaten bedrohen können. Indes waren die Palästinenser selber stets ein friedliches Volk, das niemanden bedrohte und in Frieden mit allen Nachbarn leben wollte.

Achaimeniden-Herrschaft über Palästina (540 bis 333 v.Chr.)

Auf dem Höhepunkt ihrer Macht waren die Achaimeniden bestrebt, ihre Territorien über ihr nationales Gebiet hinaus auszudehnen. Unter Kyros (559-530 v.Chr.) besiegten die Perser das neubabylonische Reich und zogen weiter bis Palästina. In einem für beide Seiten mit vielen Opfern verbundenen Krieg besetzten sie Palästina. Von hier aus bedrohten sie Ägypten. Alexander der Große bereitete sich auf einen heftigen Kampf

mit den achaimenidischen Besatzungstruppen vor. Das Heer Alexanders konnte sie aus allen von Persien besetzten Gebieten vertreiben. Alexanders letzte Stationen waren Palästina und Ägypten. In Gaza haben die persischen Truppen vergeblich versucht, den weiteren Vormarsch Alexanders zu stoppen. In Gaza, im äußersten Südosten Palästinas an der ägyptisch-palästinensischen Grenze, konzentrierten sie ihre letzten Kräfte, um die strategisch bedeutsame Hafenstadt unter ihrer Gewalt zu halten. Von der Schlacht um Gaza hingen die weitere Entwicklung des Krieges, die Sicherheit Ägyptens und nicht zuletzt das Schicksal der Achaimenidenherrschaft überhaupt ab. Die Entscheidungsschlacht von Gaza war für beide Seiten verlustreich. Der Krieg endete mit der Niederlage der Perser.
Nach einer heftigen Schlacht konnte das Heer Alexanders Gaza einnehmen und damit den Vorstoß nach Ägypten freikämpfen. Der Sieg über die Achaimeniden in Ägypten war vorprogrammiert.

Das Heer Alexanders konnte ungehindert nach Ägypten weitermarschieren und auch dort die persische Besatzungsmacht vertreiben. Die Niederlagen der Perser in allen Schlachten gegen die Armeen Alexanders führten zum Niedergang der expansiven Dynastie der Achaimeniden, die im Jahr 330 v.Chr. unter Dareios III. unterging.

Alexander der Große und die Diadochen (333-30 v.Chr.)

Mit der Befreiung des Zweistromlandes, Syriens, Palästinas und Ägyptens von der Herrschaft der Achaimeniden herrschte eine lange Friedensperiode in der ganzen Region. Das große Reich wurde nach dem Tod Alexanders (323 v.Chr.) unter den Diadochen geteilt: Das östliche Reich wurde von den Seleukiden, das westliche von den Ptolemäern regiert. Palästina als Grenzgebiet und Isthmus zwischen Asien und Afrika wechselte die Zugehörigkeit zu einem der beiden Reiche der Diadochen. Doch war die traditionelle Zugehörigkeit zu Ägypten überwiegend. Den beiden Großreichen, den Ptolemäern und den Seleukiden, waren die Palästinenser loyal.

Römische Herrschaft (30 v.Chr. bis 311 n.Chr.)

Palästina geriet schon im Jahr 37 v.Chr. unter römische Vorherrschaft, behielt jedoch seine Autonomie als „römisches Protektorat". Die weitere Expansion Roms in den Osten wurde durch die Nabatäer, welche die Seleukiden ablösten, abgeblockt. In der Folgezeit konnte Palästina seine Autonomie stärken und den römischen Einfluß fast ein Jahrhundert lang in Grenzen halten. Steuern an Rom hatte es ableisten müssen.

Mit der Niederlage Ägyptens in der Seeschlacht bei Aktium 331/30 v.Chr. endete in Ägypten die Herrschaft der Ptolemäer. Ägypten geriet unter den römischen Einfluß.
Das ursprüngliche Christentum gab den widerständischen Bewegungen moralische Unterstützung und großen Auftrieb. Palästina und Ägypten, die Hochburgen des Christentums, konnten sich gegenüber Rom relativ verselbständigen.

Die große Expansion des Römischen Reiches beginnt mit Palästina – es folgt Ägypten (66 n.Chr.)

Der Brand von Rom wird vom Kaiser Nero angestiftet. Er beschuldigt die Christen für dieses Attentat. Mit Berufung auf diese Provokation setzt Nero das Römische Heer gegen Palästina und Ägypten in Marsch. Machtpolitisch handelte es sich um den Beginn der großen Expansion des Imperium Romanum. Palästina – im Jahr 66 n.Chr. – war sein erstes Ziel, dann – im Jahr 68 – Ägypten.

Das Apostelkollegium erkannte rechtzeitig die drohende Gefahr. Es flüchtete rasch von Quds (Jerusalem), überquerte den Jordan und gelangte nach Pella, etwa 20 km östlich des Jordans, rund 30 Km südlich des Sees Genezaret. Von hier aus setzten die Jünger Jesu ihren missionarischen Auftrag fort. Dank der Toleranzkultur der arabischen – nicht christlichen – Nabatäer konnte das Christentum die römische Verfolgung überleben und sich verbreiten. Die Apostel bauten in Pella ein

Zentrum auf, von dem aus sie die Weltmission leiteten. Hier entstanden auch die ersten Niederschriften des Evangeliums. Sowohl die Jünger Jesu als auch Paulus wirkten auf nabatäischem Gebiet. Nach fünfzehnjähriger Mission und Predigttätigkeit in Araba (Wadi [c]Araba) (Gal. 1,15-2,1) zog Paulus von Jordanien nach Damaskus um. Von Syrien aus – ebenfalls nabatäisch – brachte er das Christentum nach Anatolien, dann Europa.

Die römische Verwaltung teilte die Anliegerstaaten an der östlichen Mittelmeerküste ein in: Phoenicia prima für die syrisch-libanesische Küstenlandschaft, Phoenicia secunda für Palästina und Phoenicia tertia für Gaza und die Region um Gaza. Diese Nomenklatur hat sich jedoch nicht durchgesetzt.

Konstantin der Große und Byzantinisches Reich (311-632 n.Chr.)

Rechtzeitig erkannte Konstantin d. Gr. (272-337) den drohenden Niedergang des Weströmischen Reiches. Im vierten Jahrhundert pflegte Westrom nur noch ein Scheindasein. Konstantin faßte den staatspolitisch wirksamen Entschluß, das Machtzentrum vom Westen in den Osten zu verlegen. Er folgte damit dem politischen Sachzwang. Das Kräfteverhältnis zwischen Ost und West lag eindeutig auf östlicher Seite. Konstantin brach mit einer recht brüchigen Tradition und mit vielen Grundprinzipien des Römischen Reichs, ohne dabei seinen Herrschaftsanspruch aufzugeben. Damit hatte das Reich eine Überlebenschance gewonnen. Das Oströmische Reich sollte die imperiale Politik den veränderten Machtverhältnissen anpassen. Das anatolische Byzanzon baute Konstantin zur neuen Hauptstadt aus, der er seinen Namen gegeben hat: Konstantinopel, heute Istanbul. Nun regiert er im Osten, wo die Macht ist.

Hier, im Osten, fehlten Konstantin die Akzeptanz und die Herrschaftslegitimation. Die Akzeptanz erwarb er, indem er sich zum Christentum, das inzwischen im Osten vorherrschend war, bekehrte.

Zur Herrschaftslegitimation macht Konstantin von „Palästina“ und seiner heilsgeschichtlichen Bedeutung ausgiebig Gebrauch. Es liegt ja

in seinem Reich. Kaiser Konstantin sieht in Palästina die Möglichkeit, es als Argument zur Herrschaftslegitimation zu nutzen. Er stellt es in den Mittelpunkt des öffentlichen Interesses. Er beauftragt seine Mutter, die fromme Helena (von der Großkirche heiliggesprochen), nach Palästina zu reisen, dort die Orte des Heilsgeschehens und des Wirkens Jesu festzustellen und als solche zu deklarieren. Das Heil und seine Lokalisierung werden von Kaiser und Byzanz geschützt und für die Christenheit sichergestellt.
Mit der Konstitution des Kultes vom „Heiligen Land“ erwarb Konstantin nicht nur Herrschaftslegitimation. Er thronte sich als Kaiser über die Kirche und die christliche Welt. Obendrein erbrachten die Pilgerfahrten große Einnahmen für das Reich und füllten die Staatskasse.

Also auch Konstantin beginnt den Aufbau der imperialen byzantinischen Politik mit dem Palästina-Projekt. Drei staatspolitische Ziele realisiert der Kaiser durch Palästina:

1. Zum einen sichert Konstantin damit seine Macht über Palästina.
2. Zum anderen legitimiert er Byzanz als Patron über Palästina.
3. Nicht zuletzt realisiert der Kaiser das imperiale Interesse, von Palästina aus die gesamte Region östlich des Mittelmeeres sowie Ägypten zu kontrollieren.

Das Kalifat und das „Arabisch-Islamische Weltreich“ (632-1517)

Die Befreiung der arabischen Welt von der byzantinischen Herrschaft wird mit Palästina eingeleitet. Das Arabische Reich wird neu gegründet und als Kalifat vereint. Es ist kein Zufall, daß Palästina als erstes Land 634 befreit wird. Es ist Schlüsselland. Unter ᶜUmar I. (634-644), dem zweiten Kalifen, beginnt die Befreiung der arabischen Welt von der oströmischen Herrschaft und wird unter seinen Nachfolgern fortgesetzt. Selbstverständlich hatte Palästina auch für die Araber eine symbolische, heilsgeschichtliche und damit auch staatspolitische Bedeutung. Bait al-Maqdis (Jerusalem) beherbergt zentrale Heiligtümer aller drei monotheistischen Religionen. Im Jahr 634 unterzeichnet der byzantinische Statthalter und Patriarch Sophronios die Kapitulationsurkunde vor dem zweiten Kalifen ᶜUmar I. Dem Kalifen händigt der byzantinische Patriarch die Schlüssel der Heiligen Stadt aus. ᶜUmar war speziell für den

Akt von Madina nach al-Quds / Jerusalem angereist, um persönlich Urkunde und Schlüssel in Empfang zu nehmen.

Der Befreiungsprozeß von der byzantinischen Herrschaft verlief ebenso in Palästina wie in anderen besetzten Ländern relativ rasch, denn die Bevölkerung von Palästina und seinen Nachbarländern fühlte sich dem Arabischen Reich zugehörig. Die byzantinische Fremdherrschaft konnte sich nicht auf eine Volksbasis stützen.
Die Befreiung leitete in der arabischen Welt ein goldenes Zeitalter, von dem all die einzelnen Länder profitierten, ein. Fast ein Jahrtausend lang herrschen Frieden und Kriegsächtung. Auch für Palästina beginnt eine lange Periode des Wohlergehens und der gutnachbarlichen Beziehungen. Die arabische Klassik mit Philosophen, Wissenschaftlern, Schriftstellern, Literaten, Dichtern und Erfindern erlebt auch in Palästina einen Höhenflug. Die arabische Kultur prägt nachhaltig die Weltzivilisation.

Das Friedensjahrtausend wird nur durch die europäischen Kreuzzüge gegen die arabische Welt unterbrochen.

Kreuzzüge (1096-1292)

Die europäischen Aggressionen der Kreuzfahrer
Vorrangig und Hauptziel der versuchten Expansion der Kreuzzüge war Palästina. Von dort aus hätten die Kreuzfahrer in den arabischen Raum expandieren können. Ihnen war es zwar gelungen, Palästina zu erobern, doch nach kurzer Besetzungszeit wurden sie aus dem Heiligen Land und aus dem ganzen arabischen Osten vertrieben.

Osmanisches Reich (1517-1917)

Die größte Ausdehnung des Osmanischen Reiches wird 1518 erreicht. Die Osmanen marschierten bis Marokko, ohne es zu besetzen. In Nordafrika unterzeichneten sie mit lokalen Fürsten Friedensverträge, durch welche die Hoheit der Osmanen formell anerkannt wurde.

Im Jahr 1517 hatten die Osmanen Palästina, im selben Jahr Kairo erobert. Damit war ihnen der Weg nach Nordafrika bis Marokko offen.

Die Osmanen weigerten sich, den Wunsch der Reconquista, die inzwischen den Andalus besetzt hat, zu erfüllen. Die Allianz der europäischen Könige wollte ihre Militärstrategie mit den Osmanen koordinieren, um gemeinsam gegen die arabische Welt vorzugehen.
Die Reconquista wurde vor den Toren zu Marokko gestoppt und an der Expansion in Afrika gehindert.

Europäische Aggressionen gegen die arabische Welt einschließlich Palästinas (seit 1798) Die französische Aggression gegen Ägypten und Palästina (1798-1801)

Erste versuchte Expansion Frankreichs unter Napoleon war Ägypten. Erst nach seiner Niederlage in Ägypten erkennt Napoleon seinen strategischen Fehler. Er hätte zuerst Palästina besetzen müssen, um von hier aus Ägypten anzugreifen. Wie in Ägypten scheiterte Frankreich auch in Palästina. Seine Verbrechen an beiden Völkern konnten ihm nur mehr Opfer und keinen Gewinn bringen.

Sogenante „orientalische Krise“ (1831-1841)

Die von Europa inszenierte „orientalische Krise“ zielte auf die Zerschlagung des arabischen Einheitsstaats unter Muhammad ^{c}Ali ab. Die von Helmuth von Moltke geführten europäischen Armeen wurden ohne territoriale Gewinne zurückgeschlagen. Konzessionsweise ging Ägypten auf das Begehren Englands ein, in der palästinensischen Hauptstadt al-Quds (Jerusalem) eine konsularische Vertretung (damals ein machtpolitisches Prestigeobjekt) einzurichten. Der Staatsvertrag brachte England gewisse Handelsprivilegien ein.

Erster Weltkrieg (1914-18) und Mandatskolonialismus

Im Winter 1917/18 besetzten englische Truppen Teile Palästinas. Am 8. Dezember 1917 marschierten englische Truppen unter Allenby in die Hauptstadt Palästinas, al-Quds (Jerusalem), ein. Das Völkerbundsmandat über Palästina wurde im April 1920 in der Konferenz von San Remo an Großbritannien übertragen.

1917 – Balfour-Deklaration

Als sich im Ersten Weltkrieg die Niederlage Deutschlands abzeichnete, begann England damit, die begehrte Position Palästinas für sich abzusichern.
Am 2. November 1917 gab der englische Außenminister James Balfour die nach ihm benannte Balfour-Deklaration heraus.[1]
Diese Erklärung betrifft Palästina. Sie markiert die Wende im Ersten Weltkrieg. Bis dahin hatte Deutschland große Anstrengungen unternommen und viele Mittel investiert, um Palästina unter seine Herrschaft zu bringen. Tragende Säule der deutschen Palästina-Politik war die Umsiedlung von Bürgern aus Deutschland nach Palästina. Die Umsiedler – Protestanten und Katholiken – wurden als Palästina-Deutsche bezeichnet. Im Jahr 1917 waren sie in dem arabischen Land voll etabliert.

Im Herbst 1917 marschierten britische Truppen unter dem englischen Feldmarschall Allenby aus Ägypten über Sinai heranrückend in Palästina ein. Sie erreichten die Hauptstadt al-Quds (Jerusalem) am 8. Dezember 1917. Allenby ordnete die Verhaftung der Palästina-Deutschen an und kasernierte 2000 von ihnen. Damit endete nicht nur die deutsche Vormachtstellung, sondern auch die Osmanische Herrschaft über Palästina.

Ziel der englischen imperialen Politik war es, von Palästina aus die arabische Region zu kontrollieren und dabei mit der Hilfe der zionistischen Bewegung zu rechnen.

---

[1] Wortlaut in deutscher Übersetzung, Khella, Geschichte der arabischen Völker, Hamburg (4. Aufl.) 1994, S. 217 ff.

Zweites Kapitel

Deutschland und England rivalisieren um Palästina

Deutschland hat sich nicht damit abgefunden, daß Palästina an England verlorengeht. Seit Helmuth von Moltke (1800-1891), dem Generalfeldmarschall und Generalstabschef, einem Hauptkonstrukteur des deutschen Militarismus, betreibt Deutschland hartnäckig die Errichtung des Siedlerkolonialismus in Palästina. Während Deutschland nach dem Ersten Weltkrieg in Trümmern lag, hat es damit begonnen, seine verlorenen Positionen in Palästina wiederaufzubauen. Zu diesem Zweck förderte Deutschland die Terrororganisation IRGUN, während England die HAGANAH mit Mosche Dayan aufbaute. Die USA versuchten Einfluß in Palästina vermittels der dritten Terrororganisation STERN zu gewinnen.

Die historische Analyse bringt überraschend viele Tatsachen an die Oberfläche. Die Rivalität zwischen England und Deutschland wurde sehr vorsichtig ausgetragen. Beide Seiten nahmen aufeinander Rücksicht. Sie waren sich dessen bewußt, daß eine Verschärfung der Widersprüche unter ihnen nur dem palästinensischen und gesamtarabischen Freiheitskampf zugute kommen wird.

England hat 1917/18 zwar 2000 Palästina-Deutsche festgenommen; aber schon bald nach ihrer Verhaftung wurden sie von England freigelassen. England lag sehr viel daran, daß unter den imperialistischen Staaten – bei vorhandener Rivalität – doch Konsens in der Palästinafrage bestehen soll. Darum hat England es auf einen Konflikt wegen der verhafteten Palästina-Deutschen nicht ankommen lassen. Das, obwohl England und Deutschland noch im Krieg gegeneinander standen!

Die Palästina-Deutschen waren alles andere als harmlose Menschen. Sie waren in den Waffen ausgebildet und besaßen schlagkräftige handliche Gewehre und heiße Munition, sonst hätte England sie nicht verhaften müssen; dafür hat es sie gut versorgt.

Die proenglische HAGANAH wurde auch von Deutschland unterstützt und mit Waffen beliefert. Ebenso wurde die prodeutsche IRGUN von England toleriert.

Judenpolitik des Dritten Reiches
Die historische Analyse, jenseits der Mythen, zeigt auch, daß die Rückeroberung deutscher Positionen in Palästina in erster Linie die Leistung der NSDAP-Regierung in Deutschland seit 1933 war. Diese wiederum verdankte ihren Erfolg in Palästina der Zusammenarbeit mit den zionistischen paramilitärischen Organisationen.

Durch ihre Politik versuchten die Nazis, die bisher gescheiterten Projekte, einen deutschorientierten Siedlerkolonialismus in Palästina zu errichten, wiederaufzugreifen und zu forcieren. Das Versagen der „Palästina-Deutschen" sollte nunmehr durch die engere Zusammenarbeit von Nazis und Zionisten ausgeglichen werden. Erschlagend ist die Tatsache, daß der erste Staatsvertrag der Naziregierung nach ihrem Machtantritt 1933 mit der Jewish Agency geschlossen wurde. Er wird als „Ha'awara-Abkommen" (zu Deutsch „Transfer-Abkommen") bezeichnet. Es regelt alle Fragen der Umsiedlung von Juden aus dem Deutschen Reich nach Palästina. Die Jüdische Agentur hat in ihren Jahresberichten die „hervorragende Kooperation mit der Deutschen Nationalen Regierung" mit eindrucksvollen Worten gelobt.

Das „Ha'awara-Abkommen" ist gegenwärtig den Zionisten und seinen Historikern ein Dorn im Auge. Zunächst haben sie seine Existenz überhaupt geleugnet, dann aber nur gewisse Zweifel daran aufkommen lassen. Bald mußten sie jedoch feststellen, daß die Materiallage nicht aus der Welt zu schaffen ist. Von da an versuchten sie, es nach ihrem Geschmack zu interpretieren und sein Zustandekommen zu rechtfertigen, zumindest zu entschuldigen.
Wie auch immer, man kann Geschichte nicht ungeschehen machen. Ein eindrucksvolles Beweisstück dafür, wie eng und vertrauensvoll Nazis und Zionisten zusammengearbeitet haben, ist die Herausgabe der zionistischen Währung in Palästina. Die erste Münze zeigt auf der einen Seite das „Hakenkreuz", auf der anderen den „zionistischen Stern".

Das Dritte Reich hat die Zwangsumsiedlung von Juden aus dem Dritten Reich nach Palästina direkt und indirekt betrieben. Dennoch war der „Zwang" nicht in jedem Fall notwendig. Die Nazis haben den Siedlern

genügend Reize angeboten. Deutschland bildete die jüdischen Auswanderer nach Palästina militärisch, landwirtschaftlich, handwerklich, technisch und politisch aus.
Hervorzuheben ist, daß jüdische Auswanderer die Migrationsvorteile nur unter der Bedingung bekommen konnten, wenn sie ausschließlich nach Palästina – und nicht irgendwohin in die Welt – ausgewandert sind. Vermögende Juden hatten ihren Besitz bei der Deutschen Auswanderungsbehörde zu hinterlegen. Sie bekamen ihn nur dann zurück, wenn sie in Palästina angekommen waren und unter der Kontrolle der zionistischen Organisation standen.

Das Ha'awara-Abkommen regelte u.a. zwei hintereinandergeschaltete Phasen: Die erste betraf die Hinterlegung von Vermögen bei der Deutschen Auswanderungsbehörde. Die zweite regelte die Rückgabe dieses Vermögens, wenn die Auswanderer tatsächlich in Palästina ankamen und dort blieben.

Die Bundesrepublik Deutschland blieb dem zwischen Faschisten und Zionisten geschlossenen Vertrag loyal. Mit großer Sorgfalt erfüllte die BRD den zweiten Teil des Ha'awara-Abkommens. Aus wohlbedachten ideologischen Überlegungen sprachen die Parteien nicht von „Ha'awara", sondern von „Wiedergutmachung". Jüdische Migranten aus der Zeit des Dritten Reiches meldeten Ansprüche an. Sie sind in die Regelung, Wiedergutmachungsgelder zu beziehen, nur dann gekommen, wenn sie in Israel lebten. Andere, welche sich für ein anderes Land als Palästina entschieden haben, konnten ihre – legitimen – Ansprüche nicht durchsetzen.

Die Identität des palästinensischen Volkes ist unzerstörbar

Bei allen von uns behandelten Kriegen über Jahrtausende und bis heute war Palästina stets ein vorrangiges Ziel der Aggressoren.
An Palästina widerspiegelt sich die europäische, später US-amerikanische Aggressionsgeschichte. Die Ironie der Geschichte wollte es, daß gerade das Heilige Land zum Schlachtfeld expansiver, habgieriger, destruktiver Mächte wurde. In ihren Kriegen stand Palästina stets

als strategisches Ziel im Visier. Über das Heilige Land floß das Blut eines ganzen Volkes.

An dieser Stelle muß klar herausgestellt werden, daß die Palästinenser während aller Zeitabschnitte von Fremdherrschaft und Unterdrückung unbeirrbar den Widerstand gegen Ausbeutung, Verfolgung und Fremdbestimmung führten. Über Jahrtausende bewahrten sie ihre Identität und historische Kontinuität. Letztlich mußten fremde Herrscher sich vor dem Freiheitswillen und der Widerstandskraft des palästinensischen Volkes beugen und vom besetzten Land fliehen.

Drittes Kapitel

Der gesamtimperialistische Plan zur Zerschlagung Palästinas

Am 8. Mai 1945 endet der Zweite Weltkrieg.

Am 8. Mai 1945 beginnt der Dritte Weltkrieg.

Die hauptsächlichen Änderungen der imperialistischen Strategie beim Dritten Weltkrieg werden aus den Lehren des Zweiten gezogen.

Im Dritten Weltkrieg treten die imperialistischen Staaten ***vereint*** gegen die Völker an. Das Szenario des Zweiten Weltkriegs sah arbeitsteilige Rollen vor. Danach haben sich die europäischen Staaten in Feinde und Verbündete eingeteilt.
Der Dritte Weltkrieg bricht mit der Strategie der verteilten Rollen. Die imperialistischen Staaten treten vereint gegen den Rest der Welt an. Noch in der Schlußphase des Zweiten Weltkriegs haben die USA damit begonnen, die strategischen Prinzipien ihrer Kriege, die unmittelbar nach dem Ende des Zweiten Weltkriegs beginnen werden, festzulegen. Seit 1945 folgen sie diesen Prinzipien. Nach diesen konzipieren und koordinieren sie ihre Aggressionen.
Hauptprinzip ist das gemeinsame Vorgehen aller imperialistischer Staaten. Organisatorisches Prinzip dieser Strategie ist der Zusammenschluß der imperialistischen Staaten in einem einzigen Militärverband. Damit endet die Strategie der verteilten Rollen, welche von den imperialistischen Staaten im Ersten und Zweiten Weltkrieg praktiziert wurde.

Eigentlich war die Rollenverteilung aus imperialistischer Sicht durchaus sinnvoll. Dadurch hätte eine imperialistische Partei unterjochte Länder mit dem Argument auf ihre Seite ziehen können, daß sie – zusammen mit dem Unterdrücker – gegen den gemeinsamen Feind kämpfen sollen. So konnte z.B. Frankreich afrikanische Staaten auf seine Seite gegen Deutschland ziehen.

Dafür, daß der Imperialismus von der Strategie der verteilten Rollen Abstand genommen hat, gibt es zwei hauptsächliche Gründe:

a) Die imperialistische Strategie der real existierenden Allianzen, aber vorgetäuschten Feindschaft, ist auf Dauer durchschaubar. Das Spiel ist aus.
b) Entscheidend ist indes die Tatsache, daß die Imperialisten viel zu schwach geworden sind. Sie sind so weit zermürbt, daß sie sich nicht mehr aufteilen können. An der Front ist der Imperialismus darauf angewiesen, all seine Kräfte zu sammeln.

Die Allianz, welche alle imperialistischen Staaten zusammenschließen soll, wird den Namen „NATO“ tragen.

Viertes Kapitel

Imperialistische Strategie im Krieg gegen den Süden – seit 1945

Zwei grundlegende Elemente des Kriegs nach dem Zweiten Weltkrieg werden konzipiert. Ihre Realisierung wird unmittelbar nach dem offiziellen Ende des Zweiten Weltkriegs in Angriff genommen. Beide Komponenten hängen eng miteinander zusammen und bedingen sich gegenseitig. Sie sind einander komplementär.

Zwei Komponenten der imperialistischen Strategie: Die erste Komponente – Bildung und Aufbau der gesamtimperialistischen Allianz NATO

Der Ausdruck „NATO“ kam erst in der Spätphase von Versuchen her, die – rückblickend – zwischen 1945 und 1949 stattgefunden haben.

Erste Phase (1945-49): Ziel der Bemühungen der ersten Phase war es, regionale Staaten in Asien und Afrika in eine Allianz mit imperialistischen Staaten einzubinden (Beispiele: Bagdad-Pakt, CENTO, SEATO). Rasch erkannten die USA, daß sie sich auf kollaborationsbereite Regime nicht lange genug verlassen können.

Zweite Phase (1948/49): Aus dem Scheitern der ersten Phase wuchs die Überzeugung, alle imperialistischen Staaten in einem einzigen Militärverband zu vereinen –ohne die Eingliederung von kollaborationsbereiten Regimes aus den Dreikontinenten des Südens. Der Imperialismus hat keine Wahl: Er stellt sich gegen die Welt, die Welt stellt sich gegen den Imperialismus.
NATO: Schließlich reifte das Konzept „NATO“ aus. Es setzte sich gegen vorausgegangene Entwürfe durch. Die NATO-Gründung wurde

am 4.04.1949 ausgerufen. Die NATO ist die Hauptsäule des Kriegs von Nordwest gegen den Rest der Welt.

Wie gesagt ist die NATO die eine Komponente einer Doppelstrategie.

Die zweite Komponente der imperialistischen Militärstrategie ist Israel

Von der Geschichte hat der Imperialismus gelernt, daß die afroasiatische Front nicht aufzubrechen ist, so lange die arabische Welt stark ist. Aber gerade der arabische Raum bildet die absolute Priorität der imperialistischen Planung. Für den Imperialismus ist die arabische Region ökonomisch, politisch und strategisch von absoluter Vorrangigkeit.

Also entwickeln imperialistische Strategien Sonderpläne zur Durchsetzung ihrer Macht über die arabische Welt.
Historisch hat sich die arabische Region als uneinnehmbar erwiesen. Sie zu beherrschen setzt ihre Zerschlagung an empfindlicher Stelle mitten in der arabischen Welt, also von innen her, voraus. Um den Krieg von Nordwest gegen den Süden mit Aussicht auf Erfolg durchzuführen, plant der Imperialismus, ihn aus dem Innern der arabischen Welt zu starten bzw. fortzusetzen. Um diese Strategie realisieren zu können, muß der Imperialismus im Herzen der arabischen Welt eine relativ festere Position installieren. Damit wird das zionistische Projekt auf den Plan gerufen.

So läßt sich das zweite Element der Militärstrategie von Nordwest gegen den Süden ohne weiteres bestimmen: Es ist die Errichtung Israels mitten in der arabischen Welt.

Israel – Brückenkopf und Sprungbrett des Imperialismus in den arabischen Raum, nach Afrika und Asien

Im Anschluß an den Zweiten und zum Beginn des Dritten Weltkriegs wird das zionistische Projekt, die Errichtung Israels, mit großer Hartnäckigkeit und unter Ignorierung aller Bedenken und Kritik hastig in Angriff genommen. Viel zu schnell wird der Entwurf eines makabren Plans umgesetzt.

Mit einer Position mitten in der arabischen Welt, im Schnittpunkt dreier Kontinente und an zentralem Punkt des Südens wird ein voll militarisierter, westlich orientierter Staat eingerichtet, der komplementär zur NATO den Krieg gegen den Süden, besonders gegen die arabische Welt, führt. Standort müsse Palästina sein.

Die Entscheidung für Palästina als Standort bestätigt die Richtigkeit der angestellten Ableitung.

Fünftes Kapitel

Die Instrumentalisierung der UNO für imperialistische Zwecke

Zerschlagung Palästinas und Gründung des zionistischen Staates Israel

Die Gründung eines Staates bedarf der völkerrechtlichen Legitimation. Eigentlich hat es überhaupt keinen Handlungsbedarf für eine Sitzung zur Gründung eines zionistischen Staates gegeben. Palästina existiert. Es fordert seine Unabhängigkeit vom englischen Mandatskolonialismus. Jüdische Migranten, die dort bleiben wollen, sind herzlich willkommen. Nach dem Niedergang des Dritten Reiches haben viele jüdische Flüchtlinge die Rückreise nach Europa angetreten. Seit dem Ende des Nazi-Regimes haben die meisten Juden aus den Gebieten des Dritten Reiches Palästina verlassen und sind in ihre Heimat zurückgekehrt; gelegentlich reisten sie auch in eine andere Wahlheimat. Die in Palästina verbliebenen europäischen Juden waren viel zu wenige, um einen Staat gründen zu können.
Diese Tatsache mußten Imperialismus und Zionismus ignorieren, um ihr destruktives Projekt durchzuziehen.

Als die nichtimperialistischen Staaten in der UNO das europäische und US-Manöver, Palästina zu zerschlagen und über dem Ruin des palästinensischen Volkes einen anderen Staat zu gründen, erfahren haben, attackierten sie den unmenschlichen Plan. Es sind ausführliche Memoranda mit humanistischen, politischen, historischen und völkerrechtlichen Argumenten aufgestellt worden. Im Angesicht der Hartnäckigkeit des imperialistischen Blocks legten die friedfertigen Staaten Alternativentwürfe vor, welche die Interessen aller berücksichtigen.

Den USA und seinen europäischen Verbündeten blieben nur die Mittel der Intrigen und Manipulation übrig. Schließlich wurde die Sitzung vom 29. November 1947 zur Zerschlagung Palästinas einberufen. Einziger Tagungsordnungspunkt: Der Palästina-Teilungsplan.
Selbstverständlich haben Nicht-NATO-Staaten an dieser Vollversammlung teilgenommen, sofern sie UNO-Mitglieder waren. Diese waren jedoch in der Minderheit, denn das UNO-Statut erkennt nur unabhängige souveräne Staaten als mitgliedschaftsberechtigt an. Die imperialistischen Staaten zusammen mit von den USA abhängigen Oligarchien bildeten noch eine Mehrheit. Ohne die formal selbständigen, real abhängigen Staaten hätte der imperialistische Block allein keine Mehrheit aufbringen können.

Bei dieser Gelegenheit muß man das UNO-Projekt kritisch reflektieren. Die Organisation ist ja auf Initiative der arabischen und mit ihnen befreundeten Staaten ins Leben gerufen. Der Anspruch an die UNO war es, die Schwachen gegen die Mächtigen zu fördern. Wir sehen aber, wie der imperialistische Block die UNO rasch für seine Zwecke instrumentalisieren kann.
Die Hoffnungen und Absichten des Südens konnten nicht zur Geltung kommen, denn die Mehrheitsverhältnisse der damals imperialistisch dominierten UNO lagen nicht eindeutig auf seiner Seite. UNO-Mitglieder waren ja nur unabhängige, souveräne Staaten. Eigentlich sollte es umgekehrt sein: Befreiungsbewegungen müßten das Wort haben, um die Entrechteten wieder in ihre Rechte einzusetzen. Der größte Teil des Südens litt immer noch unter dem Joch des Kolonialismus und konnte daher an der Abstimmung über Palästina nicht teilnehmen (Im übrigen sei erwähnt, daß der Teil des Südens, der nach seiner Unabhängigkeit der UNO beigetreten ist, sich dann bemühte, die imperialistische Entscheidung vom November 1947 rückgängig zu machen).

Die imperialistische Entscheidung vom 29. November 1947 desillusionierte die Völker. Die Hoffnungen, die UNO vertrete die Interessen der Völker, wurden zerschlagen. Die UNO kommt und bringt mit sich den Kolonialismus wieder, der sogar „völkerrechtlich" legitimiert werden soll. Der imperialistische Block entscheidet weiterhin über den Süden.
Aus der Zeit der Übermacht des imperialistischen Staatenblocks im Rahmen der UNO stammen viele – völkerfeindliche – Regelungen, die heute noch wirksam sind. Fatalstes Beispiel ist der sogenannte „Weltsi-

cherheitsrat“, der das imperialistische Diktat per Beschluß durchsetzt. Tatsächlich hat der Sicherheitsrat nie Maßnahmen gegen israelische Verbrechen ergriffen.

Nun kommt es zur Sitzung des historischen Unrechts. Am 29. November 1947 tagt die UNO-Vollversammlung. Das Ergebnis ist vorprogrammiert.
Der Süden stellt zwar die Mehrheit der Weltbevölkerung, aber nicht die Mehrheit der UNO-Vollversammlung. Die Weltbevölkerung sah das Unrecht kommen, konnte aber nichts dagegen tun, denn entscheiden werden nicht Gerechtigkeit und Moral, sondern Machtverhältnisse und manipulierte Zahlen.
Die afroasiatischen Mitglieder zusammen mit ihnen nahestehenden europäischen Staaten bemühten sich, alternative Beschlußvorlagen einzureichen. Ihre Durchsetzung erwies sich als unmöglich. Ihre Bemühungen wurden von den imperialistischen Mitgliedern sabotiert. Die alternativen Entwürfe hatten keine Chance. Die UNO-Mitglieder aus Afrika und Asien, ohnehin noch in der Minderheit, haben leidenschaftlich diskutiert. Ihre Teilnahme und ihr Engagement an dieser Versammlung stießen auf taube Ohren. Gegen den imperialistischen Block konnten sie sich auch zahlenmäßig nicht durchsetzen.

Auch bei diesem für die Gerechtigkeit ungünstigen Klima haben die friedliebenden Völker nicht kapituliert. Allen Umständen zum
Trotz gaben die nichtimperialistischen Staaten nicht auf. Die Staaten des Südens und einige wenige europäische, friedliebende Staaten bemühten sich leidenschaftlich, die Gründung eines siedlerkolonialistischen Staates zum Schaden eines anderen Volkes, nämlich Palästinas, zu verhindern. Die arabischen UNO-Mitglieder und andere Staaten haben ihrerseits Entwürfe und Beschlußvorlagen zur Lösung der Judenfrage auf humanistischer, nicht imperialistischer, nicht rassistischer Basis vorgelegt, ohne daß sie sich durchsetzen konnten.

Während des ganzen Beschlußverfahrens waren die USA voll aktiv dabei, die einzelnen UNO-Mitglieder aus dem Süden zu beeinflussen. Bestechungen wurden gezahlt, Repressalien verübt.
UNO-Protokolle, aber auch die Kommentare aufrechter zeitgenössischer Beobachter, manifestieren eindeutig, wie sehr das UNO–Beschlußverfahren zur Liquidierung der Palästinafrage manipuliert

wurde. Die Sitzung stand voll im Griff der USA und seiner europäischen Alliierten.

Die Inszenierung fand nicht nur in New York am UNO-Sitz statt, sondern auch weltweit. Man wollte die Gründung des zionistischen Staats mit der Judenverfolgung in Deutschland während des Nazi-Regimes rechtfertigen. Dagegen aber sprach die Tatsache, daß die nach Palästina ausgewanderten Juden im Verlauf der beiden letzten Jahre seit dem Ende des Zweiten Weltkriegs schon in ihre europäischen Heimatorte zurückgekehrt waren. Sie wollten bewußt keinen zionistischen Staat in irgendeiner Weise unterstützen. Daher inszenierten die Zionisten neue antisemitische Tendenzen. Die spektakuläre Operation „Exodus“ und parallele Aktionen wurden inzwischen enthüllt und werden selbst von Zionisten nicht mehr erwähnt, da jeder weiß, daß die Zionisten selber dahinterstanden.

Das manipulierte Verfahren innerhalb der UNO-Räume ist nur als ein Aspekt des gesamten Spektakels zu sehen. Die Zionisten selbst stellten dabei nur einen Teil der Akteure. Es handelte sich um ein gesamtimperialistisches Projekt mit dem Ziel, die Errichtung eines Satellitenstaates gegen das Recht und gegen alle Konventionen durchzusetzen. Der zionistische Staat bekam den Auftrag, dem Imperialismus als Brückenkopf und Sprungbrett zu dienen.

Sechstes Kapitel

NATO und Israel – Historischer Zusammenhang

Genetische Verbindung – Entstehung der NATO und Gründung Israels

Mit der Gründung des europäischen siedlerkolonialistischen Staates Israel auf palästinensischem Boden lief gleichzeitig eine andere komplementäre Kampagne. Während die Welt den Atem anhielt und die Hoffnung auf die Etablierung des internationalen Friedens nach dem Ende des Zweiten Weltkriegs nicht aufgegeben hat, kam die zweite Hiobsbotschaft.

Zum ersten Mal in der Menschheitsgeschichte wird eine militärische Allianz gebildet, ohne daß es einen Feind gibt, dessen Existenz die Allianzbildung rechtfertigen könnte. Mit anderen Worten, es kann sich nur um ein aggressives Bündnis handeln, das den Weltfrieden stören will.

Der Plan zur Bildung der „North Atlantic Treaty Organization" erschreckt die Welt.

NATO und Israel – Beide Gründungen sind von Anfang an aneinander gekoppelt. Sie fanden binnen eines Zeitraumes von weniger als einem Jahr statt. Die Gründer beider Organisationen sind identisch. Seitdem sind die beiden Projekte – NATO und Israel – unzertrennlich und in permanenter Verbindung geblieben. Beide sind rein militärische Organisationen. Seit Gründung führen sie gemeinsame Kriege.

Formal chronologisch betrachtet wurde Israel vor der NATO gegründet. Diese Feststellung ist zu relativieren: a) Das Gründungsdatum – 04.04.1949 – bezieht sich auf die Form der Militärallianz, wie sie dann beschlossen wurde. Die Vorgeschichte und die organisatorischen Vorformen haben schon unmittelbar nach dem Ende des Zweiten Weltkriegs begonnen. b) Die imperialistische Politik der Gründerstaaten hat nicht erst mit der NATO-Gründung begonnen. c) Die Verbindung von Imperialismus und Zionismus besteht schon länger vor der Gründung Israels. d) Israel und NATO sind ein gemeinsames Ergebnis einer sehr langen Vorarbeit.

Siebtes Kapitel

Zur UNO-Sitzung und Abstimmung vom 29. November 1947

Die Zerschlagung Palästinas gemäß dem UNO-Teilungsplan (Resolution 181)

UNO-Resolution 181 wird als „Teilungsplan“ bezeichnet. Die euphemische Bezeichnung hat einen klaren manipulativen Effekt.
Real handelte es sich um die Zerschlagung Palästinas und die Errichtung Israels. Mit diesem Beschluß hat die UNO ihr eigenes Statut und die Menschenrechtserklärung außer Kraft gesetzt, denn der Teilungsplan bedeutete die Gründung eines zionistischen, rassistischen Siedlerstaats, der den völkerrechtlichen Grundsätzen widerspricht. Die Rechte des authentischen Volkes Palästinas werden völlig ignoriert. Es wird nicht einmal zur Teilung gefragt oder gehört.

Auf der Sitzung der UNO-Vollversammlung vom 29. November 1947 haben die späteren Gründer-Staaten der NATO ihren Plan, Israel ins Leben zu rufen, beschlossen und als UNO-Resolution (Nummer 181) verabschieden lassen.

Dieser Schritt war eine harte Provokation der Weltöffentlichkeit. Das Völkerrecht wurde mit Füßen getreten. Es ist ja sonst selbstverständlich, daß man in vergleichbaren Fällen das Prinzip des Referendums anwendet. Man fragt die Menschen im Einzugsgebiet und jene, die in diesem Land leben wollen. Allein sie haben das Recht, über die Staatsform zu entscheiden. Von diesem selbstverständlichen Grundsatz des elementaren Rechts, dem Prinzip des Selbstbestimmungsrechts der Völker, wollten Imperialisten und Zionisten nichts wissen. Denn die Juden, die man brauchte, um einen zionistischen Staat zu legitimieren,

haben inzwischen Abstand davon genommen. Sie sind nach Europa zurückgekehrt. Sie wollen in ihrer europäischen Heimat leben. Offensichtlich wollten sie keinen zweiten rassistischen Staat neben der Apartheid in Südafrika haben, wo sie selbst Opfer des Rassismus waren.
Die Palästinenser, die auf ihrem historischen Boden leben und bleiben wollen, werden nicht einmal gehört. Sie werden nicht gefragt. Sie werden fremdbestimmt.

Wir demonstrieren den Zusammenhang zwischen der Gründung sowohl von NATO als auch von Israel anhand des Vergleichs der Liste der NATO-Gründungsmitglieder auf der einen und der Listen zur Abstimmung über den Palästina-Teilungsplan auf der anderen Seite. Das Abstimmungsverhalten der Staaten spricht eine eindeutige Sprache.

NATO-Gründer sind Israel-Gründerstaaten

NATO-Gründungsmitglieder	Für die Gründung Israels votierten
Belgien	Belgien
Dänemark	Dänemark
Frankreich	Frankreich
Großbritannien	(noch Mandatsmacht)
Island	Island
Italien	(noch kein UN-Mitglied)
Kanada	Kanada
Luxemburg	Luxemburg
Niederlande	Niederlande
Norwegen	Norwegen
Portugal	(noch kein UN-Mitglied)
USA	USA

NATO-Ergänzungs-Gruppe
Australien
Neuseeland

Die ANZUS-Staaten sind faktisch NATO-Staaten. Australien und Neuseeland sind NATO-Staaten unter dem Etikett ANZUS.

Alle NATO-Staaten, sofern sie Mitglieder der UNO waren und am Abstimmungsverfahren teilgenommen haben, stimmten für die Teilung Palästinas mit der Konsequenz der Errichtung eines zionistischen Staates auf einem Teil des palästinensischen Bodens.
Kein einziger NATO-Staat hat gegen die Teilung Palästinas votiert.

Wie die NATO-Mitglieder haben sich Australien und Neuseeland verhalten. Zusammen mit den USA bilden sie den Militärpakt ANZUS, der in Fortsetzung der NATO den Einkreisungsgürtel um den Globus schließt. ANZUS ist ein Militärvertrag der USA mit Australien und Neuseeland; eigentlich handelt es sich um einen Ableger der NATO. Demnach muß man ANZUS als einen Tarnnamen für die NATO betrachten.

weitere Stimmen, die für die Gründung Israels votierten:
Bolivien
Brasilien
Costa Rica
Dominikanische Republik
Ekuador
Guatemala
Haiti
Nicaragua
Panama
Paraguay
Peru
Uruguay
Venezuela

Bei der latinoamerikanischen Gruppe handelte es sich ausschließlich um kollaborationsbereite Oligarchien, welche durch CIA Insurgency an die Macht gelangt waren. Gleichwohl waren beträchtlicher US-Druck sowie auch Bestechungen notwendig, um gegen den Willen ihrer Völker zu handeln und für die Zerschlagung Palästinas zu stimmen. Diese Votierung wurde in den Ländern Süd- und Mittelamerikas heftig kritisiert und verurteilt.

Das europäische Interesse an Israel ist primär imperialistisch motiviert. Israel bildet den wichtigsten militärischen Stützpunkt im Einkreisungsgürtel um den Globus. In erster Linie bedroht Israel die arabische Welt, aber nicht nur sie.

Die Resolution 181 „Palästina-Teilungsplan" bedeutet die Errichtung eines zionistischen Staates auf einem Teil Palästinas. Die Zustimmung zur Resolution bejahte die Zerschlagung der Einheit und Integrität Palästinas, Raub und Übergabe eines Großteils des Landes, nämlich 56%, an die europäische Organisation Jewish Agency, die Hauptinstitution, welche den Zionismus und den Siedlerkolonialismus auf palästinensischem Boden organisiert.

Achtes Kapitel

Die gespaltene Welt spaltet sich analog an der Palästina-Frage

Die Zustimmung für oder gegen die Zerschlagung Palästinas deckt sich voll mit der faktischen Teilung der Welt.
Wer hat der Resolution 181 zugestimmt?
Die Ja-Stimmen für die Resolution 181 sind identisch mit der Forderung nach der Zerschlagung Palästinas und Errichtung eines zionistischen Staats Israels.

Wer hat der Teilung Palästinas zugestimmt?

JA-Stimmen:

Australien	Ja
Belgien	Ja
Weißrussische SSR	Ja
Bolivien	Ja
Brasilien	Ja
Canada	Ja
Costa Rica	Ja
CSSR	Ja
Dänemark	Ja
Dominikanische	Ja
Ekuador	Ja
Frankreich	Ja
Guatemala	Ja
Haiti	Ja
Island	Ja
Liberia	Ja
Luxemburg	Ja
Neuseeland	Ja

Niederlande	Ja
Nicaragua	Ja
Norwegen	Ja
Panama	Ja
Paraguay	Ja
Peru	Ja
Philippinen	Ja
Polen	Ja
Schweden	Ja
UdSSR	Ja
Südafrikanische Union	Ja
Ukrainische SSR	Ja
Uruguay	Ja
USA	Ja
Venezuela	Ja

Ja-Stimmen insgesamt: 33

Außer den NATO- und den beiden ANZUS-Staaten haben für die Teilung auch ein Teil der moskauorientierten sozialistischen, doch ausschließlich europäischen Staaten gestimmt.

Moskauorientierte Staaten:
- UdSSR
- Weißrussische SSR
- Polen
- Ukrainische SSR
- CSSR

Beachte bitte die Manipulation: Die UdSSR hat nur eine einzige Stimme, votiert aber mit drei Ja-Stimmen. Es fehlten nämlich Stimmen zur notwendigen Mehrheit, die jedoch trotz der Manipulation nicht erreicht werden konnte. Trotzdem wurde die Resolution 181 verabschiedet.

Es ist klar, daß die UdSSR mit dem westlichen Imperialismus konkurrieren wollte. Stalin spekulierte darauf, durch die Umsiedlung sowjetischer Juden nach Palästina Einfluß auf Israel zu nehmen und es für die expansiven Zwecke der UdSSR zu nutzen.

Trotz der Negativ-Koalition des westlichen Imperialismus mit dem Osten konnte die notwendige Mehrheit nicht erreicht werden. Die USA unternahmen große Anstrengungen, um Ja-Stimmen aus Mittel- und Südamerika zu gewinnen. Zu dem geschichtlichen Zeitpunkt der Abstimmung – 1947 – regierten in Süd- und Mittelamerika Oligarchien und Militärs, die von der CIA gepowert waren.

Ein Teil der Satelliten-Regime folgte dem Willen der USA. Mit 13 Stimmen der US-abhängigen Kollaborationsregime Süd- und Mittelamerikas konnte die notwendige Mehrheit erzielt werden.
Hinzu kommen die beiden pseudoafrikanischen Staaten
Liberia (faktisch US-Siedlerkolonie) und die
Südafrikanische Union (Apartheid) sowie
das asiatische Land Philippinnen (faktisch US-Kolonie).

Die Liste der Ja-Stimmen aus dem Süden zeigt zweierlei:
*Erstens, w*ie groß der US-Einfluß auf Süd- und Mittelamerika im Jahr 1947 war.
Zweitens: Der Verrat dieser Regime am palästinensischen Volk war einer der wichtigsten Beweggründe, der zum Sturz mehrerer Regierungen geführt hat. Heute ist der Trend in Süd- und Mittelamerika antiimperialistisch und antizionistisch. Am konsequentesten wird die Palästina-Solidarität von Venezuela, Cuba, Bolivien, Honduras, Nicaragua und El Salvador ausgeübt.

Zur Evaluation der Ja-Stimmen

Die Abstimmung über die Teilungsresolution widerspiegelt augenfällig die Spaltung der Welt. Mit eigenen Stimmen und den Stimmen ihrer Satellitenstaaten stellten die imperialistischen Staaten eine manipulierte, scheinbare Mehrheit auf, die nicht die tatsächliche Meinung der Weltöffentlichkeit reflektierte. Die so hergestellte Stimmenmehrheit zeigte aber auch die Macht des Imperialismus zum Zeitpunkt der Abstimmung.

Für die Teilung Palästinas stimmten ausschließlich europäische und westliche Staaten. Kein einziger afrikanischer und kein asiatischer Staat stimmte für die Teilung Palästinas. Diese Aussage betone ich um so eindringlicher, trotz des Vorkommens von zwei vermeintlich afrikani-

schen Stimmen und einer pseudoasiatischen Stimme. Die drei Stimmen sind weder afrikanisch noch asiatisch. Es sind
die Südafrikanische Union: Darunter verbirgt sich das europäische Apartheidsregime der weißen Siedler in Südafrika.
Liberia: Darunter verstecken sich die USA selbst. Es handelt sich um von den USA umgesiedelte Afroamerikaner. Sie stellen eine herrschende, US-loyale Oligarchie dar, die über Liberia regiert und die Weisungen aus Washington voll umsetzt.
Die Philippinen: Hier regierten ausschließlich US-Marionetten.

Bei all den Manipulationen und trotz des Kaufes von Stimmen der in Süd- und Mittelamerika herrschenden, US-abhängigen Oligarchien konnten die Imperialisten nicht die notwendige Zweidrittel-Mehrheit erreichen. Die Liste der Ja-Stimmen enthält u.a. Phantomstaaten, denn die „Weißrussische Sozialistische Sowjetrepublik“ und die „Ukrainische Sozialistische Sowjetrepublik“ waren durch die UdSSR vertreten. Diese ihrerseits besitzt nur eine Stimme für alle in der Union zusammengeschlossenen Republiken; sonst müßten auch die Republiken im Süden der Sowjetunion abstimmen, wobei das Ergebnis ungünstig für Imperialismus und Zionismus ausgefallen wäre. Trotzdem wurde die Zweidrittelmehrheit nicht erreicht.

Die sozialistischen Staaten Osteuropas waren gespalten.

In der UdSSR selbst waren die Völker gespalten. Die Republiken im Süden mit der sowjetischen Bevölkerungsmehrheit waren gegen die Zerschlagung Palästinas. Die UdSSR, der nur eine Stimme zusteht, gab drei Stimmen ab. Es waren die Stimmen der drei europäischen Republiken Rußland, Weiß-Rußland und Ukraine. Man wollte natürlich das erforderliche Minimum ein wenig übertreffen. Die Spekulation auf eine Übererfüllung der Soll-Mehrheit ist nicht eingetreten. Auch die notwendige Zweidrittel-Mehrheit wurde nicht erreicht.

Die *UdSSR* ihrerseits stimmte für die Teilung Palästinas und die Errichtung eines jüdischen Staates auf einem Teil Palästinas, weil sie ebenso wie der Westen ein imperialistisches Interesse an einem zionistischen Staat hatte. Unter Stalin wurde in der Sowjetunion die Republik Birobigan (Birobijan, Birobidjan, Birobidschan) für russische Juden eingerichtet. Aus allen Teilen der UdSSR wurden jüdische Menschen dahin als Vorstufe ihrer weiteren Umsiedlung nach Palästina gebracht.

Polen und die *CSSR* folgten der Sowjetunion, wobei sie eigene Interessen verfolgten.

Jugoslawien: Zu dem Zeitpunkt der Abstimmung über die Resolution 181 war Jugoslawien sehr an die UdSSR gebunden. Gleichwohl wollte es der Weisung aus Moskau nicht folgen. Es hat den Kompromiß der Enthaltung gewählt.

Es sind exakt 33 Staaten, welche durch ihre Abstimmung auf der UNO-Vollversammlung vom 29. November 1947 dem Entwurf zur Zerschlagung Palästinas (sog. UNO-Teilungsplan, Resolution Nr. 181) zugestimmt haben.
In keinem einzigen Fall handelte es sich um eine Abstimmung des guten Willens. Rassistische Motivation und imperialistische Orientierung der einzelnen Staaten sprangen geradezu ins Auge.
Die Ja-Stimmen kamen natürlich nicht ausschließlich aus dem Block der NATO-Gründungsmitglieder, sondern teilweise aus Süd- und Mittelamerika. Zu diesem Zeitpunkt herrschten hier Oligarchien und Marionettenregimes, die vom CIA eingesetzt waren. Es gab Bestechungen, Repressalien wurden verübt. Immerhin konnten sich andere Staaten in die Position der Enthaltung einpendeln. Die Mehrheit der Enthaltungen stammte aus Mittel- und Südamerika. In Ehren ist in dem Zusammenhang Cuba zu nennen: Es stimmte gegen die Zerschlagung Palästinas.

Ironischerweise werden sich jene sozialistischen Staaten, die einst einen antiimperialistischen Anspruch erhoben haben, 50 Jahre später in den Schoß des Imperialismus begeben.
Im März 1999 sind Polen, die Tschechische Republik, Ungarn sowie im März 2004 die Slowakei NATO-Mitglieder geworden.
Rußland ist der G8 beigetreten und koordiniert damit seine Politik mit den anerkanntermaßen imperialistischen Staaten.

Auch bei all der grotesken Manipulation wurde die Zweidrittel-Mehrheit nicht realisiert. Bezogen auf alle an der Abstimmung beteiligten 56 Staaten beträgt die Zweidrittel-Mehrheit 38. Für die Teilung sprachen sich nur 33 Staaten aus (darunter mindestens zwei ungültige Stimmen: Weißrußland und Ukraine).

Wer hat den Palästina-Teilungsplan abgelehnt?

Gegen die Annahme stimmten:

Afghanistan	Nein
Ägypten	Nein
Griechenland	Nein
Indien	Nein
Irak	Nein
Iran	Nein
Jemen	Nein
Kuba	Nein
Libanon	Nein
Pakistan	Nein
Saudi-Arabien	Nein
Syrien	Nein
Türkei	Nein

Insgesamt 13 Staaten

Die Staaten, die sich geweigert haben, dem Palästina-Teilungsplan zuzustimmen, waren zwar in der Minderheit, vertraten jedoch nicht nur die eigene nationale Meinung, sondern die des gesamten Südens und die der Mehrheit der Weltbevölkerung.

Man kann noch weitergehen und feststellen, daß insgesamt die Weltöffentlichkeit – einschließlich jüdischer Menschen – gegen eine erneute Gettoisierung der Juden war. Auf jeden Fall waren und sind alle Menschen guten Willens für die Souveränität und territoriale Integrität Palästinas, für das Recht des palästinensischen Volkes auf Ausübung des Selbstbestimmungsrechtes auf seinem nationalen Boden und für seine Eigenstaatlichkeit.
Niemand wollte den Rückfall in den Rassismus außer den Rassisten selbst. Die Errichtung eines siedlerkolonialistischen Staats war gegen den humanistischen Strom in der ganzen Welt. Wenn es nach der Weltöffentlichkeit ginge, wäre Israel nie zustande gekommen.

Nachstehend listen wir alle Staaten auf, die sich bei der Abstimmung über die Teilung Palästinas der Stimme enthalten haben.

Stimmenthaltungen bei der Votierung über den Palästina-Teilungsplan

Wer hat sich der Stimme enthalten?

Argentinien	Enthaltung
Äthiopien	Enthaltung
Chile	Enthaltung
China	Enthaltung
El Salvador	Enthaltung
Großbritannien	Enthaltung
Honduras	Enthaltung
Jugoslawien	Enthaltung
Kolumbien	Enthaltung
Mexiko	Enthaltung

Insgesamt 10 Stimmenthaltungen

Es fällt auf, daß die Zahl von Enthaltungen relativ hoch ist (10 von 56 Stimmen – fast 20%). Dies erklärt sich aus dem historischen Kontext. Die USA haben großen Druck auf die Mitgliedsstaaten der UNO mit Hinblick auf die Teilung Palästinas ausgeübt. Ein beachtlicher Teil der Staaten hat sich nicht beugen lassen. Andere wählten die geringere Konfrontation und enthielten sich der Stimme – also kein Ja zu Israel und zur Teilung Palästinas.

Im historischen Kontext der Abstimmung sind Enthaltungsstimmen – mit einer einzigen Ausnahme – als Nein-Stimmen zu deuten. Die Enthaltungs-Stimmen fehlen Israel, das ja nicht durch die weltöffentliche Meinung, sondern kraft eines imperialistisch getragenen, also minoritären, Willens eingerichtet werden soll. Da es außerdem kein historisches Recht besitzt, ist es auf jede Ja-Stimme angewiesen, um in einer fremden Region installiert zu werden. Wer nicht mit Ja zur Teilung stimmt, fordert ganz offensichtlich die Erhaltung des historischen Status Palästinas als Nationalstaat des palästinensischen Volkes.

Am auffälligsten unter allen 56 Staaten, die je eine Stimme abgegeben haben, verhielt sich England. Es enthielt sich der Stimme. Daran ist die Ironie des Verfahrens am deutlichsten zu sehen. England ist geradezu der Begründer Israels. Es gab die Balfour Deklaration heraus. Es baute die paramilitärische zionistische Organisation IRGUN auf und sorgte für die Anwerbung von Rekruten. Es tat alles, um Palästinenser aus ihrer angestammten Heimat zu vertreiben.

Das Abstimmungsverhalten Englands verblüfft. Warum stimmte Großbritannien nicht mit Ja?
Schon 1914 setzte sich England als Mandatsmacht über Palästina ein. Es ließ sich den Mandatskolonialismus vom Völkerbund legalisieren. Während 33 Jahren Mandatszeit konnte England alles zur Errichtung und zum Aufbau des zionistischen Siedlerstaats tun.
Der Mandatsvertrag verpflichtete Großbritannien dazu, die Verhältnisse in Palästina nicht zu ändern und die Rechte des palästinensischen Volkes zu wahren. England konnte also nicht mit „Ja“ zur Teilung abstimmen.
Gerade das Abstimmungsverhalten Englands manifestiert die Ironie des Abstimmungsverfahrens.
Daß man die Enthaltungen im historischen Kontext sehen muß, läßt sich am deutlichsten an der Abstimmung Großbritanniens feststellen. Es hat sich der Stimme enthalten! Wer ist denn so naiv anzunehmen, England sei in der Palästinafrage neutral gewesen? Im israelisch-arabischen Krieg 1947/48 haben die englische Armee und die RAF an der Seite der Zionisten gegen Palästinenser und Araber gekämpft, etliche Ortschaften besetzt und den Israelis übergeben.

Dreißig Jahre lang arbeitete England minutiös und subtil, um den zionistischen Staat auf palästinensischem Boden zu errichten. Von der Balfour-Deklaration (2. November 1917) bis zur Ausrufung Israels am 15. Mai 1948 ist England jene Macht, ohne die Israel niemals hätte entstehen können. 1938 gründete England die HAGANAH als heimliche Armee zur Vertreibung oder physischen Liquidierung von Palästinensern, um damit Boden für den künftigen Staat Israel zu beschaffen. Am 14. Mai 1948, 24.00 Uhr, übergab England den Zionisten offiziell das Eigentum Palästinas, das es als Mandatsmacht verwaltete. Außer Vermögen und materiellen Werten übergab England den Zionisten den Landbesitz der palästinensischen Stiftungen (Waqf-Land). Das waren rund 4% des gesamten Gebiets Palästinas.

Auch später ist England militärisch und politisch stets an der Seite Israels geblieben. Nach der Staatsgründung Israels war England außerstande, die von Palästinensern noch kontrollierten, strategisch wichtigen Positionen zu erobern. Es half Israel militärisch, um z.B. den bedeutsamen Hafen Haifa einzunehmen. Stellvertretend für Israel besetzte England Haifa und übergab es den Zionisten. 1956 haben Israel und England zusammen mit Frankreich Ägypten angegriffen. Auch in den anderen Kriegen, die Israel gegen arabische Staaten führte, war England stets an seiner Seite.

Mit seiner Stimmenthaltung in der Palästinafrage hat England – zu dem Zeitpunkt der Abstimmung noch Mandatsmacht über Palästina (!) – sich selber denunziert. In der Palästinafrage beging England den größten Verrat der Weltgeschichte.

Zur Evaluation der Gesamtabstimmung

Nein-Stimmen: Gegen die Resolution zur Teilung Palästinas haben alle arabischen Staaten gestimmt, aber nicht sie allein. Sie wurden von allen afroasiatischen Völkern unterstützt. Die afrikanischen und asiatischen Teilnehmer sprachen sich gegen die Teilung Palästinas aus. Ihre Sprecher begründeten das Unrecht, das der Teilungsentwurf darstellt. U.a. legte Indien eine alternative Vorlage vor, die ebenfalls nicht berücksichtigt wurde. Alle arabischen Staaten, die Arabische Liga und der Arabische Hohe Rat erklärten den Teilungsbeschluß für völkerrechtswidrig und das Beschlußverfahren für nicht rechtmäßig. Der Teilungsplan ignoriere die historische und demographische Realität in Palästina und sei darum sachlich falsch. Er widerspreche allen anerkannten Rechtsnormen. Jeder Versuch zur Durchsetzung des Palästina-Teilungsplans sei illegal.

Die Abstimmung über den Palästina-Teilungsplan widerspiegelte die Realität der gespaltenen Welt. Der scharfe Gegensatz zwischen dem imperialistischen Block und den antiimperialistischen Völkern kam ganz klar zum Ausdruck.

Neuntes Kapitel

Die Welt und Palästina

Afrika

Kein einziger afrikanischer Staat stimmte für die Teilung Palästinas. Südafrika und Liberia sind keine echten Ausnahmen.
Südafrika: Das weiße rassistische Apartheid-Regime Südafrikas ist ein Glied der imperialistischen Kette.
Liberia: Der Staat Liberia ist geographisch in Afrika gelegen. Als Nationalstaat wurde er jedoch von den USA ins Leben gerufen und zugleich unter die Herrschaft von aus den USA nach Afrika umgesiedelten afroamerikanischen Bürgern gestellt, die ihrerseits US-imperialistische Interessen vertraten. Bei den Abstimmungen sowie bei anderen Handlungen folgten sie US-Weisungen. Die Übersiedler sind zwar afrikanischer Abstammung, doch voll US-loyal.

Asien

Kein einziger asiatischer Staat hat für den Palästina-Teilungsplan gestimmt. Die Philippinen sind ebenfalls keine echte Ausnahme. Sie waren voll in der Hand des US-Kolonialismus. Die USA haben durch eine Marionette für die Philippinen gestimmt.

Mittelmeer-Länder

Kein einziger Mittelmeerstaat **– mit Ausnahme von Frankreich –** ***stimmte für die Teilung Palästinas.***

Frankreich als einziger Mittelmeerstaat war für die Teilung Palästinas. Es ist ein Gründerstaat und – neben England und USA – eine der drei imperialistischen Mächte, welche die Welt unter sich teilen wollten und in Israel einen Brückenkopf und ein Sprungbrett in die arabische Welt sehen.
Das imperialistische Interesse Frankreichs an einem Satellitenstaat auf palästinensischem Boden springt geradezu ins Gesicht. Das dann errichtete Israel stand Frankreich bei vielen militärischen Handlungen zur Seite. Beide Staaten koordinieren ihre Aggressionen und führen gemeinsame Kriege. Ein Beispiel sei der Angriffskrieg, den Frankreich und Israel zusammen mit England 1956 gegen Ägypten führten. Frankreich und Israel betreiben ein gemeinsames Atomprogramm. Beide Staaten haben den subversiven Krieg entwickelt und in andere imperialistische Staaten exportiert. Sie tauschen Menschen, Know-how, Material (z.B. Uran und Koltan) und Waffen für den Massenmord aus.

Wir erinnern daran, daß die Ja-Stimmen ausschließlich von imperialistischen Staaten und ihren Marionetten-Diktaturen stammen.

Der Fall Spanien

Spanien wäre der einzige westeuropäische Staat, der gegen die Teilung Palästinas gestimmt hätte. Dieses politische Verhalten wollte der rassistische Imperialismus mit allen Mitteln vereiteln. Spanien war nicht zu beugen. Seine Argumente waren: (a) Die Teilung sei ein großes Unrecht, das dem palästinensischen Volk widerfahren würde. (b) Der zu gründende zionistische Staat wird zwangsläufig zu einem Satellitenstaat des Westens und der UdSSR. (c) Die Freundschaft zu den arabischen Völkern sollte weiter gepflegt werden. (d) Zur Lösung der Judenfrage ist die Zerstörung eines anderen Staats, nämlich Palästinas, weder erforderlich noch gerechtfertigt.

Im imperialistischen Westen wurde seit dem Herbst 1946 eine Kampagne zur Vorverurteilung und Isolierung Spaniens geführt. Auf dem Höhepunkt der spanienfeindlichen Agitation stellte Frankreich einen Antrag auf Ausschluß Spaniens aus der UNO. Im Dezember 1946 erfolgte dies für den Imperialismus gerade rechtzeitig, denn bei der nächsten UNO-Vollversammlung im Herbst 1947 sollte im Anschluß an die letzte Debatte über Palästina seine Teilung verabschiedet werden.

Daß in Spanien Franco regierte, kam dem Imperialismus wie gerufen. Es fragt sich, ob die Herrscher des übrigen Westens besser wären. Die Regierungschefs in Frankreich, England und den USA steckten noch halstief im Blut der Völker in den Kolonien. Als ob die Zerstörung der Lebensbedingungen afrikanischer und asiatischer Völker weniger zählt als die Rolle Francos im spanischen Bürgerkrieg! Die Kampagne gegen Spanien war eine reine Heuchelei. Vielmehr ging es um ganz etwas anderes.

Die Teilnahme Spaniens war nicht allein wegen seiner eigenen Neinstimme gefürchtet. Es wäre der einzige westeuropäische Staat, der gegen die Errichtung Israels stimmte.
Für den imperialistischen Block wurde indes die Anwesenheit Spaniens in der UNO aus einem anderen Grund als bedrohlich empfunden. Es hätte das ganze Verfahren um die Zerschlagung Palästinas zum Scheitern verurteilt, wäre es präsent. Es zeichnete sich nämlich ab, daß Spanien zusammen mit den hispanophonen Staaten Mittel- und Südamerikas einen Block gegen die Teilung zustande bringen würde. Seine Initiierung und die Führung gingen von Spanien aus. Es war fleißig dabei, seinen noch großen Einfluß in Zentral- und Mittelamerika zu nutzen, um eine Front gegen die Befürworter eines zionistischen Staates aufzubauen. Das Ziel, einen hispanisch-latinoamerikanischen Block aufzubauen, hätte große Aussicht auf Erfolg gehabt.
Diesem heftigen Strom die Spitze zu brechen war der Grund dafür, Spanien aus der UNO und damit aus dem Abstimmungsverfahren auszuschließen.

Bei der Jagd nach Ja-Stimmen für den Teilungsplan entdeckte der Imperialismus das politische Vakuum in Süd- und Mittelamerika. Die USA setzten die Mittel der Erpressung und der Bestechung ein, um dort Ja-Stimmen für Israel zu erkaufen.

Der Ausschluß Spaniens aus der UNO machte es den USA leichter, Spaniens organisierende Rolle zu sabotieren. Sie hatten es nun einfacher, lateinamerikanische Regimes unter ihren Einfluß zu bringen und an die Weisungen der USA zu binden.

Spanien hat den Ausschluß aus der UNO für sein Image positiv lenken können. Als später die Verbrechen Israels gegen das palästinensische

Volk und die übrigen arabischen Staaten offenkundig wurden, konnte Spanien stolz erklären, es habe Israel nicht anerkannt. Darüber hinaus verbesserte es seine Beziehungen zu den arabischen Ländern und baute sie aus. Noch im Jahr 2009 konnte Sabatero sein Land rühmen, Spanien habe der Teilung Palästinas nicht zugestimmt.

Die Mittelmeerstaaten haben bis heute eine kritische Position gegenüber Israel.

Fernbleiben und Sitzungsboykott

Andere Staaten gingen den Weg des geringsten Widerstandes. Entweder boykottierten sie demonstrativ oder sie blieben der Abstimmungssitzung einfach fern. In der ganzen Welt wurde der UN-Beschluß 181 als Verrat am palästinensischen Volk und als politischer Bankrott der UNO gewertet. Die UNO liege nicht weit vom gescheiterten Völkerbund entfernt. Beide Organisationen sind von ihrer Gründung an imperialistisch funktionalisiert worden. Von der demokratischen Weltöffentlichkeit wurde der Beschluß als ungültig und unakzeptabel erklärt.

Politisch nicht zu unterschätzen ist die Politik des leeren Stuhls. Nicht wenige Staaten boykottierten demonstrativ oder stillschweigend die Sitzung vom 29. November 1947, weil illegitim und illegal. Man mag dieses Vorgehen als defensiv oder gar als den Weg des geringsten Widerstands werten. Durch ihr Fernbleiben manövrierten sich jene Staaten in die Nische des Schweigens. Jedenfalls waren sie ganz sicher gegen die Teilung Palästinas und die Errichtung eines rassistischen Staates eingestellt, haben jedoch die Kraft nicht aufbringen können, ihre Position demonstrativ und offensiv zu vertreten. Später, als immer mehr israelische Verbrechen gegen das palästinensische Volk bekannt wurden, konnten sich diese Staaten darauf berufen, sie haben der Teilung Palästinas nicht zugestimmt und die Gründung Israels nicht anerkannt.

Europa, Amerika und Australien: Israel wurde ausschließlich mit den Stimmen europäischer und amerikanischer Staaten sowie der Stimme der über Australien herrschenden europäischen Oligarchie ins Leben gerufen.

In all den Staaten, die für die Gründung Israels eingetreten sind, lebten jüdische Gemeinschaften. Mit ihrer Abstimmung für die Teilung Palästinas präjudizierten diese Länder die Aussiedlung von Juden aus den Nationalstaaten, in denen sie bis dahin lebten. Dafür forderten die europäischen und amerikanischen Staaten einen „Judenstaat". Dieser wiederum sollte nicht in den Herkunftskontinenten Europa und Amerika, sondern weitab, mitten in der arabischen Welt entstehen.
Demographisches Ziel von Zionismus und Imperialismus ist zu verhindern, daß Juden als integraler Bestandteil der Bevölkerung ihres jeweiligen Staates leben. Sie sollen sich absondern sich und gegen andere Völker agitiert werden.

Die USA und England mußten sich mit der Abstimmung sehr beeilen. Sie standen unter Zeitdruck. Es wäre fast zu spät für die Errichtung eines Apartheid-Staats gewesen. Wenn die afrikanischen und asiatischen Völker, die bald ihre Unabhängigkeit erkämpft haben und den Vormarsch auf die UNO antreten würden, mitsitzen und abstimmen, wäre ein zweiter Apartheidstaat nie zustande gekommen. Der Imperialismus kam ihnen zuvor.

Wo bleibt der Platz des palästinensischen Volkes bei der Beschlußfassung über seine Zukunft?

Es ist bezeichnend, daß die Betroffenen selber, die Palästinenser, nicht einmal gehört oder erst gefragt wurden. Es ist das einzige Mal in der Geschichte des Völkerrechts, daß die Zukunft eines Landes ohne die Befragung seines Volkes entschieden wird.

Nachdem der UNO-Skandal abgezogen war und das Unrecht beschlossen wurde, hat das palästinensische Volk nicht aufgegeben. Es hat sich gegen die Ungerechtigkeit gewehrt. Palästinensische Politiker kritisierten in Wort und Schrift das Verfahren. Schriftsätze wurden verfaßt, Memoranda aufgesetzt. Erfolge konnten nicht erzielt werden.

Dem palästinensischen Volk blieb nichts anderes übrig, als sich mit dem Unrecht abzufinden und damit zu beginnen, seinen Reststaat aufzubauen. Es reklamierte die Anwendung des Unrechts, die Teilung seines Landes, und forderte das ihm zugestandene Restpalästina. Doch selbst die Großmächte, die für die Teilung Palästinas eingetreten sind, sabotieren das Bemühen um die Anwendung ihres eigenen Teilungsplans.

Israel rechtfertigt seine Existenz damit, daß es kraft eines UNO-Beschlusses zustande gekommen ist. Abgesehen von dem Unrecht, das die UNO-Resolution 181 gegen das palästinensische Volk darstellt, hält sich Israel nicht an den UNO-Teilungsplan, der es überprivilegiert.

Es ist völlig klar, daß die Zerschlagung Palästinas eine Provokation an die internationale Öffentlichkeit bedeutet. Mit ihrem manipulierten Beschluß schockierte die imperialistische Minderheit die Weltbevölkerung.

Konsens aller friedliebenden Völker war:
1. Die Teilung sei ein großes Unrecht, das dem palästinensischen Volk widerfährt.
2. Der zu gründende zionistische Staat könne nichts anderes sein als ein Satellitenstaat des Imperialismus.
3. Das Zusammenleben von Völkern, Religionen und ethnischen Gemeinschaften hat keine Alternative.
4. Die Judenfrage lasse sich nicht durch die Zerstörung einer Kultur und der Existenz eines Volkes, sondern durch Toleranz und Zusammenleben aller Religionen und Volksgruppen lösen.
5. Palästina solle seine volle Unabhängigkeit, Souveränität und Integrität wiedererlangen.

Zehntes Kapitel

Die Aufteilung der Beute „Palästina“

589.000 jüdischen Siedlern, größtenteils aus Europa, standen fast die dreifache Zahl, nämlich
1.319.000 Palästinenser, gegenüber.

589.000 jüdischen Menschen (entspricht 33% der Bevölkerung) wurden 56,4% – 14.100 km2 – des Landes zugeteilt. Außerdem befand sich 1947 nur knapp 6% ! des Grund und Bodens in Palästina in jüdischer Hand.

1,319 Millionen Palästinensern (66% der Bevölkerung) verblieben nur noch 43% – 11.100 km2 – ihres eigenen Landes.

Die Hauptstadt Palästinas, al-Quds / Jerusalem, sollte unter einem internationalen Status stehen. Der internationalen Zone wurde 1% vorbehalten (Kartographie auf der letzten Seite).

Die ungerechte Landverteilung, welche zum einen das palästinensische Volk des größten Teils seiner historischen Heimat beraubte, zum anderen im Vergleich zur damaligen jüdischen Minderheit den entstehenden Staat Israel unverhältnismäßig begünstigte, mußte von den Palästinensern notgedrungen hingenommen werden. Für Israel war der UN-Teilungsplan aber immer noch nicht genug. Es wollte mehr.

Das Unrecht am palästinensischen Volk geht weiter

Im israelisch-arabischen Krieg 1947/48 besetzte Israel über den von der UNO bestimmten Landesteil hinaus weitere 6700 km^2, die für den arabischen palästinensischen Staat vorgesehen waren und die Israel bis heute widerrechtlich unter seiner Gewalt hält.

Als Folge des Krieges wurde das palästinensische Volk nun auf einen Landfleck von 22% seines historischen Lebensraumes zusammengedrängt – und dies ein Jahr nach dem Teilungsplan!
Gegen diesen Gewaltakt unternahm die UNO keine praktischen Schritte, um Israel in seine Grenzen zu weisen.

1967 schließlich erfolgte die Besetzung ganz Palästinas durch den zionistischen Siedlerstaat.
Israel begann mit dem Bau von Siedlungen in den besetzten Gebieten. Der Siedlungsbau expandierte und hält bis heute an – gegen alle völkerrechtlichen Bestimmungen.

Weitere palästinensische Gebiete wurden später vermittels des israelischen Mauerbaus annektiert. Die Palästinenser leben heute faktisch auf 12% ihres nationalen Bodens.
Israelische Aggression, Expansion und Landraub verstoßen gegen sämtliche völkerrechtlichen Normen. Auch hier wurde Israel nicht einmal mittels Sanktionen von Seiten der UNO unter Druck gesetzt.

Dabei erinnern wir daran, daß die Aufnahme Israels als Mitglied der UNO an die Einhaltung der vom UN-Teilungsplan gezogenen Grenzen sowie an die Umsetzung der Resolution 194 – Rückkehrrecht der Flüchtlinge – gebunden war.
Die UNO hatte 1947 nicht einen einzigen Staat, sondern zwei Staaten vorgesehen: Einen jüdischen und einen arabisch-palästinensischen Staat. Bis heute wird die Bildung des palästinensischen Staates von Israel mit US- und EU-Rückendeckung sabotiert.

Elftes Kapitel

NATO und Israel

Seit seiner Gründung führt Israel keinen Krieg ohne die NATO, die NATO nicht ohne Israel

Israel ist eine Militärgesellschaft. Ein Zivilbereich läßt sich gegen einen Militärbereich nicht abgrenzen.
Israel selbst ist kein offizielles NATO-Mitglied. Dabei ist es für die NATO unentbehrlich geworden.

Jeder NATO-Mitgliedsstaat stellt Truppen und Waffen für den Krieg. Bezogen auf diesen Aspekt hat Israel sein eigenes Profil entwickelt, darunter die Führung von „Stellvertreterkriegen". Im weiteren bietet Israel ein Breitspektrum von Schwerpunkten militärischer Dienstleistungen an. Es übernimmt Sonderaufträge, die es besser als jedes andere Land zu leisten in der Lage ist (Aufzählung unten).
Aus dem Gesagten geht hervor, daß „NATO" und „Israel" keine lose Gemeinschaft bilden, sondern identisch, zumindest einander komplementär sind.

Die „NATO" existiert nicht als selbständige Kriegsmaschinerie. Vielmehr stellt sie einen Zusammenschluß von Staaten dar, deren gemeinsamer Nenner die Organisierung und Durchführung von Aggressionen ist. Nähere Bestimmungen werden nicht scharf oder sogar überhaupt nicht definiert. Bei der NATO muß man eine aggressive imperialistische Gruppe gegen solche Länder abgrenzen, die zwar offiziell Mitglieder der NATO, faktisch aber von der NATO besetzt sind. Beispiele dafür sind Griechenland und die Türkei. Sie stellen Infrastruktur, z.B. für die Wartung von Maschinen, Versorgung des Militärs, Überflugrechte, Binnengewässer, Raketenrampen, Militärstützpunkte und anderes mehr, zur Verfügung. Der reale Status dieser Mitglieder als „besetzte Länder" entschuldigt sie nicht. Richtig wäre, sie treten aus der NATO aus und schlössen sich der weltweiten antiimperialistischen Solidaritäts- und Kampffront an.

Aus der Einteilung in „aggressiv“ und „besetzt“ ergibt sich, daß imperialistische Staaten auf andere Staaten angewiesen sind, die für sie die Kriege führen. Ein bedauerliches Beispiel dafür sind die einstigen sozialistischen Staaten, die infolge der NATO-Osterweiterung dem Militärverband beigetreten sind und heute die Aggressionskriege gegen Irak, Afghanistan und anderswo mit führen. Der Beitrag der einzelnen Mitgliedsstaaten zur Durchführung einer NATO-Aggression ist unterschiedlich.

Aus der Struktur der NATO ergibt sich ferner, daß die NATO keine eigene „NATO-Armee“ besitzt. Es sind immer die einzelnen Armeen und Truppen von Mitgliedsstaaten, welche den Krieg machen. Wenn z.B. die USA einen Krieg führen, so benutzen sie auf jeden Fall die militärische Infrastruktur der einzelnen Mitgliedsstaaten, z.B. für Logistik, Wartung, Transport usw.
Man solle nicht in die Formalismusfalle tappen. Die USA und ihre imperialistischen Alliierten schufen die NATO, um einen Firmenmantel zu haben, unter dem sie ihre Aggressionen anonymisieren. Der Ausdruck „NATO“ ist geeignet, den einzelnen Aggressor zu tarnen. Die Aggression erscheint als eine kollektive Aktion der „NATO“.

Wenn man NATO-Krieg sagt, muß man also spezifizieren, welche NATO-Staaten das sind. Es sind genau die aggressiven NATO-Staaten, welche die israelischen militärischen Leistungen in Anspruch nehmen.

Kein NATO-Krieg ohne Israel

Israel hat sich auf bestimmte Gebiete der Aggressionspolitik spezialisiert und ist dadurch für den Imperialismus unentbehrlich geworden. Zu den wichtigsten militärischen Leistungen Israels zählen:

1. Der subversive Krieg,
2. Produktion von Waffen gegen Widerstandsbewegungen,
3. Widerstandsbekämpfung,
4. Terroranschläge,
5. Spionage und Sabotage,
6. Organisierung und Durchführung von Kriegen.
7. Stellvertreterkriege.

Der Imperialismus ist exakt auf diese militärischen Kompetenzen angewiesen. Israel ist der Staat, der militärische Dienstleistungen im Rahmen aggressiver Handlungen zur Verfügung stellt. Nicht nur für die NATO als kollektiven Aggressor, sondern auch für jeden imperialistischen Staat ist Israel unentbehrlich. Es besitzt die größten Erfahrungen in bezug auf den Krieg gegen Befreiungsbewegungen. Es stellt die Spezialwaffen dazu her und verfügt über das Know-how ihrer Einsetzung. Bei Widerstandsbekämpfung können und wollen die Imperialisten auf Israel nicht verzichten. Israel produziert und verkauft Genozidwaffen. Es unterhält eines der besten Spionagenetze. Israel ist weltweit verflochten. Es wird angefragt bei der Schaffung von Kriegsgründen, z.B. durch die Erzeugung regionaler und nationaler Konflikte, Provokationen u.a.m. Israel bildet aus und trainiert Counterinsurgency-Armeen, z.B. die UÇK.

Israel führt keinen Krieg ohne die NATO

Mit dem oben Gesagten wird auch der zweite Teil der Aussage erläutert. Zum einen benutzt Israel NATO-Infrastruktur. Zum anderen war Israel bei keinem Krieg allein. Die imperialistischen Staaten, allen voran USA, England, BRD und Frankreich, waren stets an seiner Seite.

Eine ganz besondere Leistung des israelischen Militarismus ist die Führung von *„Stellvertreterkriegen"*. Seit 1956 führt Israel in kürzeren Abständen Aggressionskriege gegen die arabischen Länder, welche dazu führen, daß diese ständig mit der Abwehr gegen Israel befaßt sein müssen. Bei all diesen Kriegen, u.a. 1956, 1967, 1973, 1979, 1981, 1982, 2006, griff Israel stets mit NATO-Rückendeckung und NATO-Beteiligung an.

Zwölftes Kapitel

Die Allianz von Imperialismus und Zionismus

Das unzertrennliche Zwillingspaar – NATO und Israel

Das Interesse des Imperialismus an Israel liegt auf der Hand. Es wurde in das Zentrum der arabischen Welt implantiert, um von hier die gesamte Region im Zugriff zu halten. Dazu schuf er zwei Elemente, die von Anfang an zusammenhängen und einander komplementär sind: NATO und Israel. In weniger als einem Jahr sind beide ins Leben gerufen worden: Israel am 15.05.1948, die NATO am 04.04.1949. NATO und Israel sind ein kombiniertes System.

Israel selbst ist kein offizielles Mitglied der NATO. Dabei ist es sein wichtigster Stützpunkt. Wäre Israel offizielles Mitglied der NATO, wäre die Kombination von Imperialismus und Zionismus offenkundig. Die scheinbare Trennung ist eine rein optische, kosmetische Frage.
Israel ist kein „besetzter“ Staat der NATO. Die NATO-Israel-Beziehung ist auch kein Not-Verhältnis. Beide Militärorganisationen, NATO und Israel, stellen sich der übrigen Welt gegenüber als verbündete Aggressionsmächte dar, die durch Angriff und Beute bestehen.

Was den Zionismus betrifft, solle man ihn nicht überschätzen, aber auch nicht unterschätzen. Zionismus ist für den Imperialismus ein militärischer Arm, Israel eine Kriegsmaschine. Daran ändert nicht die Tatsache, daß Zionismus und Israel klar auf den eigenen Vorteil bedacht sind.
Imperialismus und Zionismus sind jeweils militärische Systeme. Beide kennen keine andere Sprache als Aggression und Gewalt. Beide Systeme erstrecken ihren Aktionsradius rund um den Globus. Beide betrachten die Welt als Objekt der Ausplünderung.

Militarismus ist die Basis von Imperialismus und Zionismus. Schon diese Tatsache führt beide zueinander. Beide gehören zusammen – von der Genese bis zur Alltagspolitik.

Für den Imperialismus ist die Menschheit ausschließlich dazu da, um unterworfen und ausgebeutet zu werden. Nach imperialistischem Willen können Völker vernichtet werden.
Inzwischen begreifen die Menschen immer erdrückender, daß Imperialismus und Zionismus unzertrennlich sind. Daraus wird ebenso abgeleitet, daß Antiimperialismus und Antizionismus identisch sind.
Die vollständige Eingliederung Israels ins imperialistische System tut der Tatsache keinen Abbruch, daß Israel eine eigene Struktur mit eigenen Interessen und Plänen verfolgt.

Dreizehntes Kapitel

Israel führt seit Gründung einen Dauerkrieg gegen die arabischen Völker

Zu den israelischen Aggressionskriegen gegen arabische Staaten zählen unter anderem:

1947/48: Anfang 1948 hat England mit den Zionisten die heimliche Absprache getroffen, nach der ihnen Mitte Mai 1948 Teile Palästinas weit über den UNO-Teilungsplan hinaus zugewiesen werden sollen. Um dieses Ziel realisieren zu können, wurden massive Terroranschläge gegen die arabische Einwohnerschaft durchgeführt, um sie in die Flucht zu treiben und ihre Wohngebiete den Zionisten zu übergeben. Das Ziel, noch mehr palästinensische Territorien zu besetzen, konnte indes erst durch den israelisch-arabischen Krieg 1947/48 durchgesetzt werden.

Am 15. Mai 1948 wurde der siedlerkolonialistische Staat Israel ausgerufen. Seitdem führt Israel in kurzen Abständen Angriffskriege gegen arabische Staaten. Opfer israelischer Aggressionen wurden u.a. der Irak, Syrien, Libanon, Jordanien, Ägypten. Am meisten gelitten hat Palästina, das seit 1967 vollständig unter israelische Besatzung geraten ist.

1956 Aggressionskrieg Englands, Frankreichs und Israels gegen Ägypten.
1967 Israel und NATO greifen Ägypten, Syrien, Jordanien und Palästina an.
1979 Israel greift den Libanon an.
1980 Israel greift den Irak an.
1981 Israel greift den Libanon an.
1982 Israel und NATO greifen den Libanon an.
2006 Israel greift den Libanon an.
2008/09 Israel greift Gaza an.

Vierzehntes Kapitel

Israelisches Dauermassaker am palästinensischen Volk

Während der ersten vom Zionismus organisierten Einwanderungswellen haben die Palästinenser die jüdischen Flüchtlinge aus Europa überwiegend freundlich aufgenommen. Die zionistischen Agenturen sahen darin eine Gefahr. Die Verbrüderung von palästinensischen Arabern und europäischen Juden würde den Aufbau eines rein zionistischen Staates gefährden. Die Zionisten verboten den europäischen Einwanderern das Zusammenleben mit den Palästinensern.

Der zionistische Terror gegen die Palästinenser erreicht seit 1947 einen neuen Höhepunkt. Für die Palästinenser beginnt die grausamste Epoche ihrer ganzen Geschichte.

Der UNO-Beschluß vom 29. November 1947 war für die Zionisten aber noch nicht genug. Vor der israelischen Staatsgründung intensivierten sie die Massaker und die Vertreibung von Palästinensern, um deren Land unter zionistische Gewalt zu bringen. Extremen Verfolgungen und Terroranschlägen waren die Palästinenser in der Zeit vor und nach der prozionistischen UNO-Entscheidung vom 29. November 1947 ausgesetzt.

1947/48: Die Zionisten veranstalteten eine lange Serie von Massakern und Vertreibungen, um am 15. Mai 1948, dem Tag der Übergabe von palästinensischen Territorien an die Zionisten ein „fait accompli“ zu schaffen. Dörfer wurden angegriffen und zerstört. Ihre palästinensische Einwohnerschaft wurde vertrieben. Wer nicht geflohen war, wurde massakriert. Ihre Wohngebiete wurden unter zionistische Gewalt gebracht.

Bis 1948 hatten die zionistischen paramilitärischen Organisationen HAGANAH, IRGUN und STERN 531 palästinensische Dörfer total entvölkert. Über dem Ruin des palästinensischen Volkes wurden zionistische Siedlungen gebaut. Zusammen mit der offiziellen Staatsgründung Israels im Jahr 1948 schlossen sich die Terrororganisationen Haganah, Irgun und Stern zur israelischen Armee zusammen, die von da an die staatlich programmierte physische Liquidierung des palästinensischen Volkes planmäßig durchführt. Massaker sind in Israel ein staatlich anerkanntes Mittel der Politik. Wir nennen einige Beispiele.

Deir Yasin, *Massaker vom* 7. April 1948, am Vorabend des jüdischen Passah-Festes: Die Zionisten hatten es eilig, denn sie wollten am 15. Mai 1948 den israelischen Staat offiziell ausrufen.
Deir Yasin hatte eine Einwohnerschaft von 400 Menschen.
Die Terrororganisationen IRGUN und STERN erstürmten das Dorf, massakrierten die gesamte Einwohnerschaft, die dort anwesend war. Es starben 350 Menschen. 50 Menschen waren zur Arbeit außerhalb des Dorfes.

Im Anschluß an das Massaker feierten diese Terrororganisationen das Passah-Fest und ihren Zusammenschluß zur neugegründeten Nachfolgeorganisation, der israelischen Armee.
Die Israelis ließen die Leichen liegen und eilten zum Passah-Gottesdienst. Damit wollten sie bei den Einwohnern der benachbarten Dörfer Horrorreaktionen erzeugen, damit diese in Panik eilends in benachbarte arabische Länder fliehen.
Inzwischen waren die 50 Bürger Deir Yasins, die außer Haus waren, zurückgekehrt. Zusammen mit Nachbardörfern übernahmen sie eine ordnungsgemäße Bestattung der Opfer.

Um diese Zeit fanden Massaker an Palästinensern faktisch täglich statt. Ähnlich wie in Deir Yasin verlief es in Dawayma und vielen anderen Dörfern.

Am 22. September 1982 hat Israel den palästinensischen Friedhof von Deir Yasin geschändet. Mit Bulldozern wurden die Gräber ausgehoben und für den Straßenbau verwendet. Alle Spuren, die an Deir Yasin erinnern, wurden ausgelöscht.

Kufr Kassem: Der Einwohnerschaft wurde von den zionistischen Terrororganisationen eine Ausgangssperre ab 17.00 auferlegt. Nach Einbruch der Dunkelheit wurden die Dorfbewohner von den Zionisten massakriert.

Sabra und Schatila, *Massaker in der Nacht vom 16. auf den 17. September 1982:* Im September 1982 sind auf Druck der USA und europäischer Staaten Truppen aus Frankreich, Italien und den USA als sog. „multinationale Truppen“ in den Libanon mit der Zusicherung eingezogen, sie garantierten für die Sicherheit der Palästinenser. Dafür sollten die palästinensischen Kämpfer die Waffen abgeben. Diesem Angebot mißtrauten die Palästinenser. Die Freiheitskämpfer wendeten ein, daß dann die Palästinenser in den Flüchtlingslagern im Libanon ihres Lebens nicht mehr sicher sein werden. Doch die Vertreter der USA, Frankreichs und Italiens haben zugesichert, daß die Flüchtlingslager unter ihrem Schutz stehen und daß es keinen Grund zur Sorge gäbe. Sie als „multinationale Friedenstruppe“ garantieren für die Unversehrtheit der Flüchtlingslager. Erst durch die Intervention der PLO-Führung haben die Widerstandskämpfer eingewilligt, ihre Waffen abzugegeben.

Das Massaker von Sabra und Schatila war nur deshalb möglich, weil zuvor die Freiheitskämpfer ihre Waffen abgaben.

Unmittelbar nach dem Einmarsch der Israelis in Beirut wurden die Flüchtlingslager Sabra und Schatila von Zionisten in Zusammenarbeit mit der faschistischen Falange überfallen. Während einer einzigen Nacht wurden laut PLO 3.300 Palästinenserinnen und Palästinenser durch professionelle Arbeit erfahrener Terrororganisationen massakriert.[2]

Al-Kalil (Hebron), *Massaker vom 25. Februar 1994:* Unter dem unmittelbaren Schutz der israelischen Armee verübte der israelische Terrorist Goldstein ein Massaker an der al-Haram al-Ibrahimi (Abraham-Moschee). Man wundert sich, wie ein Einzeltäter so viele Menschen umbringen konnte, bevor er überwältigt wird. Sein Vorgehen war ebenso primitiv wie kriminell. Ahnungslos gingen die Menschen wie allwöchentlich zum Freitagsgebet. Der Terrorist wartete, bis die Betenden die Bodenverbeugung taten, um wahllos auf die Gläubigen zu schießen. Er konnte sein makabres Verbrechen nur deshalb ausführen, weil er von der israelischen Armee geschützt war und die nötigen Waffen trug. Die israelische Armee schaute zu, ohne zu intervenieren, als der Terrorist den Mord an den betenden Muslimen verübte.

---

[2] Khella, Der arabisch-israelische Konflikt, Hamburg 1982, S. 154 ff.

Kana *(Qana), Massaker vom 18. April 1996:* Kana (Qana) im Süd-Libanon wurde von der israelischen Luftwaffe angegriffen. Unter Einsatz von Apache-Flugzeugen wurde die Einwohnerschaft von Kana massakriert. Die Apache-Maschinen sind Tiefflieger, können durch Straßen fliegen und die Menschen aus unmittelbarer Nähe einzeln oder in Gruppen töten. Bei der gleichen Aggression sind im Südlibanon alle Versorgungsanlagen einschließlich Bäckereien, Lebensmittelläden und Wasseranlagen zerstört worden.

Jenin*, Massaker nachts vom 2. auf den 3. April 2003:* Infolge der ständigen israelischen Vertreibung von Palästinensern, die aus ihrem angestammten Wohnsitz fliehen mußten, wuchs die palästinensische Ortschaft Jenin zu einem großen Flüchtlingslager. Palästinenser, die vor dem israelischen Terror fliehen mußten, wählten Jenin wegen seiner Nähe zu ihren Dörfern und weil ihnen dort Verwandte und Bekannte vorausgegangen sind.

Aus dem kleinen palästinensischen Dorf Jenin ist ein großes Flüchtlingslager mit 15.000 Menschen geworden. In der Nacht vom 12. auf den 13. April 2003 führte die offizielle israelische Armee unter dem Kommando des späteren Regierungschefs Israels Scharon das grausame Massaker durch. Er selbst leitete das Massenverbrechen. Persönlich hat er vor Ort die Befehle gegeben. Alle zu dem Zeitpunkt im Dorf anwesenden Palästinenser sind dem Massaker zum Opfer gefallen. Scharon ordnete an, daß die Leichen zur Verbrennung abtransportiert werden, um die Spuren des Verbrechens auszulöschen. Doch inzwischen waren andere Einwohner Jenins von ihrer Arbeit zurückgekehrt. Sie informierten die arabischen und internationalen Medien. Viele Menschen versammelten sich vor Ort. Scharon mußte mit seiner Armee abziehen, bevor die Leichen verbrannt wurden.

Auch bei Massakern in anderen Ortschaften trachtete Israel danach, die Spuren seines Verbrechens zu verwischen und Zeugen auszuschalten.

Gaza – Massaker vom 27. Dezember 2008 täglich bis 18. Januar 2009

Gaza ist die am dichtesten besiedelte Region der ganzen Welt. Die extreme Wohndichte ist daher zustande gekommen, daß Palästinenser, die durch die Israelis vertrieben wurden, nach Gaza fliehen. Aber auch hier werden die Menschen nicht in Frieden gelassen.

Israel belagert den Gazastreifen seit 2006. Seitdem wurde die Ein- und Ausreise nach und aus Gaza soweit eingeschränkt, daß der Kontakt der Menschen mit der Außenwelt äußerst schwierig wurde. Vom Juni 2007 an riegelte Israel den gesamten Gazastreifen mit 1,8 Millionen Menschen ab. Seitdem steht Gaza unter totaler Blockade.
Auf die Hungerblockade reagierte die Bevölkerung mit großen Anstrengungen zur Aufrechterhaltung der Versorgung mit den lebensnotwendigsten Mitteln. Landflächen wurden zum Anbau von Nahrungsmitteln und zur Viehzucht freigestellt.

Nach dreijähriger Belagerung haben schwerbewaffnete zionistische Truppen Gaza angegriffen. Vor der Morgendämmerung des 27. Dezember 2008 bombardierte die israelische Armee ganz Gaza. Die Einwohnerschaft wurde von der israelischen Artillerie mit schweren Waffen angegriffen. Kriegsschiffe beschossen die Bevölkerung mit Raketen. Die israelische Luftwaffe bombardierte die Einwohnerschaft. Ununterbrochen regnete es Bomben über Gaza.
Wohnhäuser wurden samt ihren Bewohnern durch die ständigen Bombardierungen dem Erdboden gleichgemacht. 90.000 Menschen verloren ihr Zuhause und wurden obdachlos. Verletzte und Leichen wurden unter den Trümmern tot oder lebendig begraben. Die Bilder der Zerstörung dokumentieren eine Katastrophe entsetzlichen Ausmaßes.

Vom 27. Dezember 2008 bis zum 18. Januar 2009 stand das belagerte Gaza ohne Unterbrechung unter dem Beschuß der israelischen Armee.

Die Nachricht über das israelische Verbrechen gegen die Menschlichkeit ging bereits am ersten Tag der überraschenden Aggression um den Globus. Die Welt war erschüttert. Kundgebungen, Demonstrationen und Aktionen aller Art als Ausdruck der Solidarität mit dem palästinensischen Volk wurden aus der ganzen Welt gemeldet. Ebenso laut waren

die Appelle an Israel, sofort mit dem Genozid am palästinensischen Volk aufzuhören. Israel ließ sich durch den weltweiten Protest nicht beeindrucken. Die israelische Armee setzte den Massenmord fort. Während 23 Tagen starben laut UNO-Bericht der OCHA 1440 Menschen, davon mindestens 460 Kinder. Der Kindermord wurde von Israel bewußt einkalkuliert. Über 5300 Menschen, davon 1855 Kinder, wurden verletzt, ein Großteil von ihnen lebensbedrohlich.
Die palästinensische Bevölkerung setzt alle Kräfte ein, um in Gaza ein normales Leben möglich zu machen. Dabei hört Israel nicht damit auf, die unternommenen Anstrengungen zu sabotieren.[3]

Im Laufe von Jahrzehnten israelischer Aggressionen haben die Palästinenser gelernt, sich zu wehren.
Bis 1967 haben die Palästinenser ihr Recht auf Leben und Eigenstaatlichkeit mit politischen Mitteln vertreten. Viele Schriften und Memoranden legen Zeugnis von dem guten Willen und der Geduld der Palästinenser ab, ihre legitimen Rechte zu erlangen. Am Sitz der Vereinten Nationen in New York stapelten sich die Dokumente und Schriftsätze in einem umfangreichen Archiv. Im Herbst 1982, nach der israelischen Aggression gegen den Libanon, verschwand (!) das Palästina-Archiv in New York und konnte bis heute nicht wiederbeschafft werden. Ähnliches geschah mit den Archiven der PLO bzw. den Materialien des Palästinensischen Instituts in Beirut (die wahrscheinlich nach Israel abtransportiert wurden).
Erst 1967, nach der massiven Aggression Israels gegen vier arabische Staaten und der Besetzung ganz Palästinas, erkannten die Palästinenser, daß ihre politischen Bemühungen kein Gehör gefunden haben und daß es ohne den bewaffneten Widerstand keine Aussicht auf Befreiung gibt: Widerstand hat keine Alternative.

In der ganzen Welt finden Solidaritätsaktionen mit dem palästinensischen Volk statt. Weltweit unterstützen die Völker tatkräftig die Palästinenser und ihre Forderungen.

---

3 Unmittelbare Darstellungen von Einzelheiten der israelischen Aggression und des palästinensischen Widerstands finden sich: „Nachrichten direkt aus Gaza“, erschienen in: Theorie und Praxis Verlag, Hamburg.

Fünfzehntes Kapitel

Was wollen die Palästinenser?

Unter allen Palästinenserinnen und Palästinensern besteht Konsens über die grundsätzlichen Forderungen:

- Errichtung des unabhängigen Staates Palästinas,
- Garantierung seiner Souveränität und der Integrität des nationalen Territoriums,
- Beendigung der Besatzung und Blockade,
- Rückkehrrecht der palästinensischen Flüchtlinge,
- Verwirklichung des Selbstbestimmungsrechts.

Über diese elementaren Rechte, die jedem Volk zustehen, herrscht absolute Einigkeit. Auch die Verlautbarungen der Vereinten Nationen unterstützen die Forderungen der Palästinenser, weil sie unabdingbar und legitim sind. Ihre Realisierung wird jedoch durch Israel und die imperialistischen Staaten sabotiert.

Keine dieser Forderungen geht über das elementare Völkerrecht und die anerkannten Menschenrechte hinaus oder widerspricht internationalem Völkerrecht. Trotzdem waren die palästinensischen Vertreter bei mehreren Verhandlungen zu weiteren, im Grunde genommen unzumutbaren Konzessionen bereit. Letztlich umsonst. Das von imperialistischen Staaten gepowerte Israel war zu keiner gerechten Lösung bereit. Bei allen Bemühungen um die Lösung der Palästinafrage manifestierte Israel seine *Friedensunwilligkeit.* Es nutzte die Zeiten der Verhandlungen, um die Besatzung zu verschärfen, noch mehr Siedlungen zu bauen oder den nächsten Krieg vorzubereiten.

Die Sehnsucht der Palästinenser nach Frieden und einem Leben in Sicherheit wird durch die Daueraggressionen Israels zunichte gemacht. Israel ist entschlossen, daß Frieden und Ruhe in die arabische Region nicht einkehren dürfen. Zionismus, Apartheid und Rassismus bedeuten Aggressivität, Destruktivität und Unvereinbarkeit mit Gerechtigkeit und Frieden.

Der Krieg gegen die Palästinenser ist der längste Krieg, der auf der Erde gegen ein Volk geführt wird. Die Palästinenser sind das weltweit am härtesten betroffene Volk. Durch die zionistisch-imperialistische Allianz sind die Palästinenser periodisch Opfer grausamer Aggressionen, Vertreibung und Massaker. Gleichwohl hält das palästinensische Volk an seinem Land und historischen Recht fest und ruft unablässig zum Frieden auf.
Die Palästinafrage ist nach wie vor aktuell. Internationale Solidarität mit dem palästinensischen Volk ist notwendiger denn je.

Für den Imperialismus und für Israel ist der Frieden gefährlicher als der Krieg.

Darum beginnt der Weltfriede mit Palästina.

Anhang

Tabelle

Die gemeinsame Entstehung von NATO und Israel

Die linke Spalte listet die NATO-Gründerstaaten auf.
Die rechte Spalte listet die Staaten auf, die für die Gründung Israels eingetreten sind, d.h. der Resolution 181 zugestimmt haben.

NATO- Gründer:	**Ja zu Gründung Israels:**
Belgien	Belgien
Dänemark	Dänemark
Frankreich	Frankreich
Großbritannien	(noch Mandatsmacht)
Island	Island
Italien	(noch kein UN-Mitglied)
Kanada	Kanada
Luxemburg	Luxemburg
Niederlande	Niederlande
Norwegen	Norwegen
Portugal	(noch kein UN-Mitglied)
USA	USA

Die Tabelle zeigt die Identität der NATO-Gründer mit den Israelgründerstaaten.

Kommentar zur Tabelle
Sämtliche NATO-Gründungsmitglieder forderten die Gründung Israels.

Alle NATO-Gründungsmitglieder – mit drei Ausnahmen – stimmten mit „Ja" für die Resolution 181, das heißt Zerschlagung Palästinas und Gründung Israels. Die Ausnahmen:

Portugal und *Italien* waren noch keine UNO-Mitglieder und konnten deshalb an der Abstimmung nicht teilnehmen. *Großbritannien* war noch Mandatsmacht über Palästina und hat sich der Stimme enthalten. Zustimmung wäre ein Geständnis seines Verrates an Palästina und am Mandatsvertrag gewesen. Gemäß dem Mandatsvertrag, nach dem England als Schutzmacht für Palästina ernannt wurde, hätte Großbritannien die Resolution 181 ablehnen, alle Maßnahmen zur Unversehrtheit Palästinas ergreifen und die Gründung Israels bekämpfen müssen.

Somit haben von den zwölf Gründerstaaten der NATO neun für die Gründung des zionistischen Satellitenstaats gestimmt.

Aber nicht alle, die für Israel gestimmt haben, sind NATO-Mitglieder; sie hatten jedoch eine ähnliche Motivation.
Etliche Staaten haben die Sitzung oder überhaupt die UNO als imperialistisch gelenkt boykottiert.

Während 56 Staaten über die Zukunft Palästinas abstimmen konnten, wurden die Palästinenser selber nicht gefragt. Die ungerechte UNO-Resolution verfügte über die palästinensischen Territorien, ohne daß in Palästina ein Referendum des Volkes durchgeführt wurde.

Alle Staaten der UN-Sitzung vom 29. November 1947 und ihr Abstimmungsverhalten

Afghanistan	Nein
Ägypten	Nein
Argentinien	Enthaltung
Äthiopien	Enthaltung
Australien	Ja
Belgien	Ja
Weißrussische SSR	Ja
Bolivien	Ja
Brasilien	Ja
Kanada	Ja
Chile	Enthaltung
China	Enthaltung
Costa Rica	Ja
CSSR	Ja
Dänemark	Ja
Dominikanische Republik	Ja
Ekuador	Ja
El Salvador	Enthaltung
Frankreich	Ja
Griechenland	Nein
Großbritannien	Enthaltung
Guatemala	Ja
Haiti	Ja
Honduras	Enthaltung
Indien	Nein
Irak	Nein
Iran	Nein
Island	Ja
Jemen	Nein
Jugoslawien	Enthaltung
Kolumbien	Enthaltung
Kuba	Nein
Libanon	Nein

Liberia	Ja
Luxemburg	Ja
Mexiko	Enthaltung
Neuseeland	Ja
Niederlande	Ja
Nikaragua	Ja
Norwegen	Ja
Pakistan	Nein
Panama	Ja
Paraguay	Ja
Peru	Ja
Philippinen	Ja
Polen	Ja
Saudi-Arabien	Nein
Schweden	Ja
Südafrikanische Union	Ja
Syrien	Nein
Türkei	Nein
UdSSR	Ja
Ukrainische SSR	Ja
Uruguay	Ja
USA	Ja
Venezuela	Ja

Dokumentationen und ausgewählte Literaturhinweise

Beschlüsse der Vereinten Nationen über das Palästina-Problem (1947-1965), zusammengestellt von: Sami Hadawi, Herausgeber: Delegation der Liga der Arabischen Staaten in der Bundesrepublik, Bonn 1967.

Der Nahostkonflikt – Gefahr für den Weltfrieden
Dokumente von der Jahrhundertwende bis zur Gegenwart (von 1897 bis 1984, K.K.),
Herausgeber: Institut für internationale Beziehungen der DDR, publiziert im: Staatsverlag der Deutschen Demokratischen Republik, Berlin (DDR) 1987.

Karam Khella, Palästinensische Nationalcharta, deutsche Übersetzung und Einleitung, in: Al Karamah, Nr. 2/1986.
dito in: Risala, Bd. 3, Bremen 1997.

Rede des Vorsitzenden des Exekutivkomitees der palästinensischen Befreiungsorganisation (PLO) vor der UNO-Vollversammlung auf ihrer 29. Sitzung in New York am 13. November 1974,
deutsche Übersetzung, Herausgeber: Liga der Arabischen Staaten, Büro Bonn.

Nathan Weinstock, Le Sionisme contre Israel, Paris (Maspero) 1969.

Munir al-Hur, Tariq al-Musa, Maschari^{c} at-taswiyya li al-qadiyya al-filistiniyya (1947-1983), ^{c}Amman 1983.

Karam Khella, Der israelisch-arabische Konflikt, Hamburg (3. Aufl.) 1982, 196 S., ISBN 978-3-921866-02-2.

Karam Khella, Zionismus und palästinensischer Widerstand, Wien 1989.

Karam Khella, Israel – Siedlerwesen und rassistischer Staat
Zur klassenanalytischen Einschätzung des zionistischen Staates, in: Al Karamah, 1/1986.

Nazih Brik, Kibbuz; Nachwort von Karam Khella: Jüdische Auswanderung von der Sowjetunion nach Palästina/Israel, Hamburg 1991,
ISBN 978-3-921866-43-X.

Krammer, Khella, Jenseits der Mythen – Imperialismus, Zionismus, Faschismus
– Eine Quellenrecherche über die Geschichte einer Kontinuität, Hamburg 2010,
ISBN 978-3-939710-02-8.

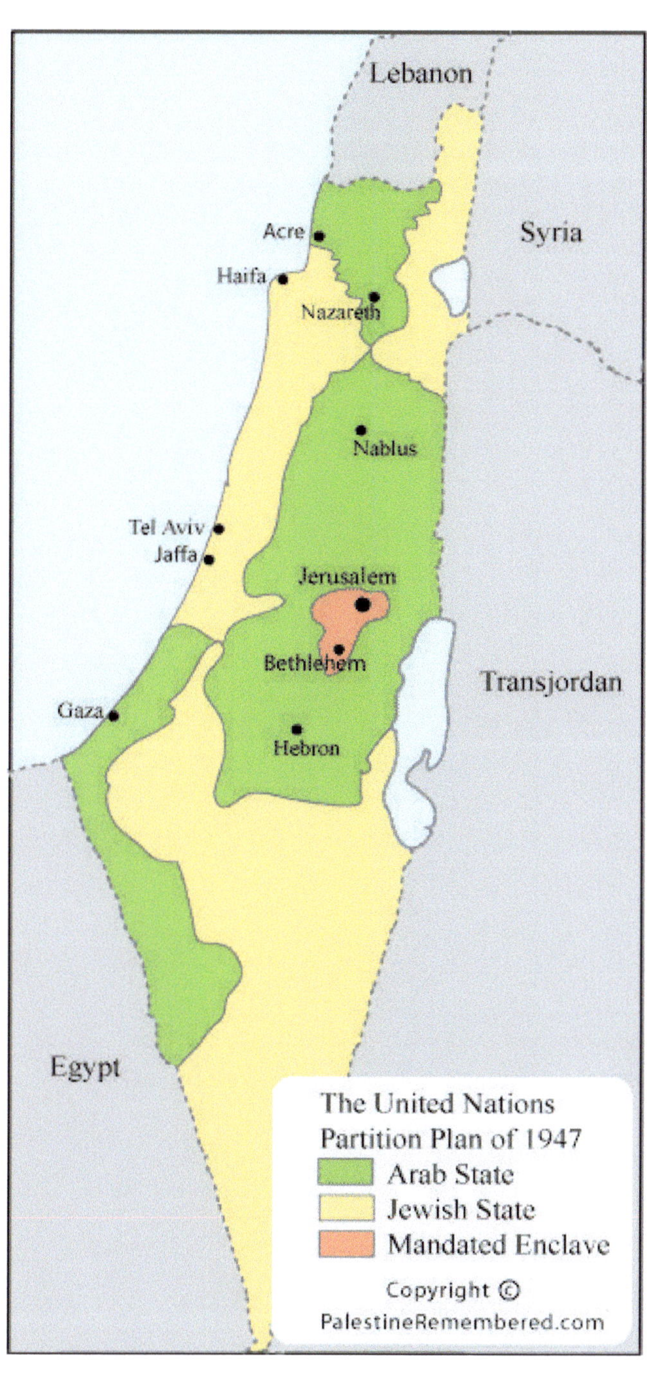

Lebanon
Syria
Acre
Haifa
Nazareth
Nablus
Tel Aviv
Jaffa
Jerusalem
Bethlehem
Transjordan
Gaza
Hebron
Egypt
The United Nations
Partition Plan of 1947
Arab State
Jewish State
Mandated Enclave
Copyright ©
PalestineRemembered.com